시진핑의 중국몽

시진핑의 중국몽

시진핑의 중국은 어디로 가는가

케리 브라운 지음

권은하 옮김

시그마북스
Sigma Books

시진핑의 중국몽

발행일 2019년 8월 5일 초판 1쇄 발행
지은이 케리 브라운
옮긴이 권은하
발행인 강학경
발행처 시그마북스
마케팅 정제용
에디터 장민정, 최윤정
디자인 김문배, 최희민

등록번호 제10-965호
주소 서울특별시 영등포구 양평로 22길 21 선유도코오롱디지털타워 A402호
전자우편 sigmabooks@spress.co.kr
홈페이지 http://www.sigmabooks.co.kr
전화 (02) 2062-5288~9
팩시밀리 (02) 323-4197
ISBN 979-11-89199-98-2(03340)

이 도서의 국립중앙도서관 출판예정도서목록(CIP)은 서지정보유통지원시스템 홈페이지(http://seoji.nl.go.kr)와
국가자료공동목록시스템(http://www.nl.go.kr/kolisnet)에서 이용하실 수 있습니다. (CIP제어번호: CIP2019026045)

* **시그마북스**는 (주)**시그마프레스**의 자매회사로 일반 단행본 전문 출판사입니다.

라나 미터에게
감탄과 감사를 표하며

차례

서론
9

제1장 시진핑 이야기

제2장 당원 시진핑

제3장 시진핑의 가치

제4장 시진핑과 세계 속의 중국

제5장 시진핑과 정치개혁

제6장 시진핑 사상

결론 행운아 시진핑
171

2017년 10월 18일, 제19차 전국대표대회(이하 '당대회'와 혼용) 개막식에서 베이징 인민대회당 연단에 선 중국공산당 총서기 시진핑은 18기 중앙위원회를 대표해 정치보고를 시작했다. 장내는 당 대표들로 가득했다. 그리고 시진핑의 양옆에는 전임 총서기 장쩌민과 후진타오가 자리하고 있었다.

보고는 장장 3시간 23분에 걸쳐 이어졌다. 고위 간부가 연단에 설 때는 특별히 시간 제약을 받지 않는 중국임에도 불구하고 엄청나게 긴 보고였다. 보고에서 시진핑은 신시대 중국이 부흥하여 세계 최고의 강국이 되기 위한 위대한 여정을 시작했음을 천명했다. 과거의 영화를 뒤로한 채 기근과 전쟁, 내란, 혁명, 끝없는 권력 투쟁과 사회적 혼란을 겪은 중화민족의 위대한 부흥을 표방하는, 여러 측면에서 의미 있는 기념비적인 선언이었다. 1949년 중화인민공화국을 수립하며 중국공산당 창당 주역들이 인민들과 한 약속처럼, 지난 100년간 다른 나라에 괴롭힘을 당하고 수모를 겪어온 중국의 존엄성을 다시 회복하고 중국인들이 당당히 일어설 때가 오고 있었다. 그리고 그 시대는 시진핑의 집권과 더불어 펼쳐질 것이다.

중국의 모든 권력이 시진핑으로 모였다는 것이 이 당대회를 지켜본 전 세계의 공통된 인식이다. 자신의 지휘하에 놓인 모든 것을 거머쥔 것이다. 2012년 공산당 총서기로 선출된 이래, 시진핑은 반부패 투쟁과 일련의 인사 배치를 통해 당을 장악해나갔다. 또한 50개국을 국빈 방문하며 중국을 넘어 전 세계로 자신의 영향력을 키워나갔다. 이제 그의 목소리는 중국뿐 아니라 세계를 향한다. 2017년 10월, 당대회가 열리는 동안 『이코노미스트』 표지에는 '세계에서 가장 영향력 있는 남자'라는 짧은 문구와 함께 시진핑의 사진이 실렸다.

시진핑의 힘은 이제 많은 사람의 관심사가 되었다. 한번은

버락 오바마 전 미국 대통령이 시진핑에 대해 덩샤오핑 이래 그 누구보다 빠른 속도로 영향력을 키워나가며 막강한 권력을 쥐게 되었다고 언급한 적이 있었다. 이에 많은 사람이 동조하며, 더 나아가 어떤 이들은 이제 시진핑이 마오쩌둥과 동등한 수준이 되었다고 말했다. 제19차 당대회가 열리기 전, 베이징의 한 정치평론가는 시진핑이 중국공산당의 여느 창당 주역보다 훨씬 큰 권력과 야망을 품고 있으며 세계를 지배하고 싶어 한다고 평했다.

시진핑에 대한 이러한 주장은 다소 과장된 듯 보인다. 하지만 그보다 흥미로운 것은 중국 지도자들이 이처럼 막강한 권력을 행사할 수 있다고 생각하는 서구인들의 시각이다. 반면, 민주국가 지도자를 향한 평가는 훨씬 더 복잡 미묘하다. 이들 또한 권력을 가지고 있지만, 어디까지나 제한적이다. 이들 지도자가 할 수 있는 것에는 한계가 있으며, 그 영향력은 조수처럼 밀려왔다 밀려가기를 반복한다. 데이비드 캐머런의 경우처럼 아무리 큰 권력을 가지고 있더라도 한순간에 무너질 수 있다. 2015년 영국 총선에서 승리한 캐머런은 다음 해 브렉시트에 관한 국민투표 결과가 자신이 기대한 것과는 반대로 나타나자 바로 권력의 중심에서 밀려났고, 몇 주 지나지 않아 아예 권력에서 제거되었다.

반면, 중국 지도자들은 특별한 형태의 권력을 지닌다. 선거도 치르지 않는 중국에서 권력은 좀 더 집중되어 있고 강력해 보인다. 하지만 1949년 이후의 중국 근대사에 조금이라도 지식이 있는 독자라면 시진핑이 통치하는 지금의 중국이 마오쩌둥과 덩샤오핑 시대의 중국과는 매우 다르다는 사실을 쉽게 알 수 있을 것이다. 사회로부터 소외되고 서로 분열된 게릴라 세력을 이끌었던 마오쩌둥은 영토로는 세계에서 세 번째로 큰 나라의 통치자가 되었고, 20년간 계급 투쟁과 인민전쟁을 이끌며 권력의 핵심에 있었다. 1921년 마오쩌둥은 11명의 다른 대표와 함께 초대 공산당 전국대표대회에 참석하며 중앙권력에 처음으로 모습을 드러냈다. 마오쩌둥의 등장은 전쟁과 내전으로 상처받은 사회, 그리고 폭력과 유혈 분쟁의 결과였다. 약간의 기복이 있었으나, 마오쩌둥은 과거 전쟁 승리자의 지위 덕분에 1949년부터 1976년까지 그 어떤 심각한 위협 없이 경쟁자로부터 자신의 정치적 지배력을 지켜나갈 수 있었다. 한편 덩샤오핑은 마오쩌둥에 비해 정치적 위상은 낮았지만, 그 영향력은 훨씬 더 컸다고 역사가들은 평가하기도 한다. 경제적으로 무지하고 계급 투쟁과 대중운동에 대해 집착이 강했던 마오쩌둥 덕분에 권력을 쥐게 된 덩샤오핑은 외국 자본 투자와 내수시장, 기업가 정신 등 마오쩌둥 시대에는 배척 대상이었던 경제적 개념을 도입하며 기적적으로 중국의 경제를 회생시켰다. 하지만 이러한 경제적 영향력에도 불구하고 덩샤오핑은 정치적으로는 크게 성장하지 못했다. 예컨대, 덩샤오핑은 1989년까지 군부를 장악하고 있었지만, 1978년 이후에는 국가주석도, 당 총서기 자리도 차지하지 못했다. 다만, 자신의 정치력과 신뢰를 토대로 다른 사람들을 이끌었을 뿐이다. 80대가 되어 중국 브리지협회장이라는 직책만 유지하고 있을 때도 덩샤오핑은 중국에서 영향력을 행사하고 있었다.

여러 의미에서 오늘의 중국은 마오쩌둥과 덩샤오핑의 작품이다. 무자비한 폭력과 강압으로 공산당에 중국을 통치할 권력을 쥐어준 마오쩌둥과, 국가와 당 전략을 재수립함으로써 중국이 지속 가능할 수 있게 한 덩샤오핑. 오늘의 중국이 걸어가고 있는 이 길은 두 지도자가 노력한 결과다. 마오쩌둥과 덩샤오핑은 여러 측면에서 서로 달랐지만, 둘 다 중국이 근대화를 이루고 세계 강국이 되어 다시는 외국의 침략과 굴욕의 희생자가 되지 않기를 바라는 민족주의자였다. 물론 각자 목표에 도달하는 방식에는 상당한 차이가 있었다. 중국을 위대한 국가로 만들고자 했던 그들의 염원은 오늘의 중국에도 여전히 중요하다.

　이러한 민족주의적 맥락에서 볼 때 시진핑의 권력은 전임자들로부터 나온 것이라 볼 수 있다. 덩샤오핑이 증명해 보인 가장 성공적인 방식, 즉 경제 성장을 통해, 마오쩌둥의 약속처럼 중국을 위대한 국가로 만들고자 시진핑은 혼신의 힘을 다하며 전임자들이 세워놓은 전통을 따른다. 연설에서도 시진핑은 스스로 이 위대한 전통을 지키는 후계자일 뿐이라 칭하며, 그 연속성을 강조한다. 결코 다시는 침묵하지 않고 중국인 스스로 목소리를 내야 한다는 1949년 계몽운동에서 시작된 중국의 전통이 곧 시진핑 권력의 원천인 셈이다. 이처럼 중국의 권력은 사람이 아닌, 시스템에 있다. 자신만의 색깔로 이 시스템을 움직이기는 하지만, 지도자가 시스템의 전부는 아니다. 자신만의 색깔이 없다면 지도자는 영향력을 발휘하기 어렵다. 공산당이나 마오쩌둥, 혹은 덩샤오핑이 존재하지 않았다면, 지금의 시진핑은 존재하지 않을 것이다. 뒤에서 설명하겠지만 시진핑에게 주어진, 그리고 시진핑이 행사하는 권력은 이러한 시스템의 테두리 밖에서는 큰 의미가 없다.

　이제 시진핑은 집권 중반에 들어섰다는 인식이 일반적이다.

뒤에서 살펴보겠지만 시진핑의 장기집권을 예상해볼 수 있는 징조들이 여럿 있기는 하다. 이 책은 '중간보고서'의 성격을 지닌다. 괄목할 만한 지도자로 시진핑이 성장할 수 있었던 몇 가지 이유에 대해 분석할 것이다. 어린 시절 성장환경을 포함하여 그의 모든 배경을 이해하는 것이 무엇보다 중요하다. 개인의 정치이념과 그 아래 깔린 당의 정치이념을 이해하는 것 또한 중요하다. 이어지는 장에서는 시진핑이 과연 어떤 정치가고 무엇을 이루고자 하는지, 어떤 도전에 직면해 있으며 지금까지 무엇을 이루었는지에 대해 가능한 한 명확하고 쉽게 설명하고자 한다. 시진핑의 힘을 이해하는 가장 좋은 방법이 무엇이든 간에 중국이라는 거대한 국가를 통치하는 시진핑은 매우 중요한 인물이며, 따라서 우리는 그에 대해 고민하고 이해할 필요가 있다. 그런 의미에서 이 책이 조금이라도 도움이 되기를 바란다.

제1장
시진핑 이야기

'시진핑 이야기'라는 심플한 제목의 책이 2017년 7월 베이징에서 발간되었다. 크게 두 개의 장으로 나뉘어 중국의 국내외 정세를 다룬 이 책은 마오쩌둥이 즐겨 사용한, 산을 옮기고자 했던 어리석은 노인의 이야기로 시작된다. 집 앞이 커다란 산으로 막혀 있어 생활하기 불편했던 노인은 양동이 하나만을 사용해 산을 옮기려 했다. 사람들은 결코 성공하지 못할 거라며 노인을 비웃었다. 이에 노인은 만약 자신이 산을 옮기지 못하더라도 자식과 손주들이 성공하지 않겠냐며 웃을 뿐이었다.

개인 이기주의가 만연했던 마오쩌둥 시대, 공산당은 중국 사회에 이러한 열정을 퍼뜨리고 싶어 했다. 고통스러웠던 역사를 뒤로한 채 당시 경제적으로 후발주자였던 중국을 재건하는 일이 창당 그 순간부터 가장 중요한 당의 과업이었기 때문이다. 1949년 이후 당 지도부는 여러 번 바뀌었지만, 이 과업의 중요성은 그대로 이어졌다. 『시진핑 이야기』는 시진핑이 직접 외국에서 입수한 여러 자료와 방대한 양의 중국 고전에서 빌려온 옛이야기들을 다룬다. 국가적 서사를 만들어가는 스토리텔링의 최고책임자로서 시진핑은 복잡한 이야기를 요약하여 단순화시키는 마오쩌둥의 능력을 흠모했고, 이를 모방하고 싶어 했다. 산을 옮기는 노인의 이야기를 통해 전하고자 하는 메시지는 바로 희망이다. 결국은 정의가 승리한다는 희망. 노인의 믿음과 인내, 그리고 열정에 감복한 신이 산을 옮겨준다는 결말이다.

하지만 이 책에서 가장 흥미로운 부분은 권력을 승계한 후 지속해서 강조하고 있는 시진핑 자신의 이야기다. 한때 산시성에서 멀리 떨어진 옌안 지역 동굴에서 살았던, 마오쩌둥의 삶과도 얽혀있는 시진핑의 어릴 적 이야기다. 메시지는 간단하다. 시진핑은 역경을 헤치며 인민들과 더불어 살았고, 이로써 모든 중국인의 삶에 영향을 미칠 만한 문제들에 대해 의견을 제시할 수 있는 권리를 얻었다는 논리다. 비록 파워엘리트 집안에서 태어나기는 했지만, 문화대혁명 기간 하방下放(지식인을 일정 기간 동안 농촌이나 공장에 보내 노동하게 하는 것-옮긴이)된 시진핑은 궁핍한 생활을 하며 어려움을 겪었고, 덕분에 '농민 황제'라는 별명을 얻었다. 1970년대 초 외국의 모든 언론이 시진핑을 가리켜 돼지농장의 주인이라 부를 때, 싱가포르의 지도자 고故 리콴유는 그를 '아시아의 넬슨 만델라'라고 칭송했다. 이 모든 것이 시진핑에게는 현재 그가 차지한 정치적 위치에 올라갈 만한 충분한 권리가 있음을 상징한다.

이처럼 시진핑의 과거를 공식화하는 작업은 당으로서는 매우 획기적인 일이다. 전임자였던 후진타오는 개인사를 공식석상에서 단 한 번도 언급하지 않았다. 심지어 그의 출생지조차 정확하게 알려지지 않았다. 시진핑의 경우에는 국가 최고지도자와 인민들 사이의 감정적 유대감을 강화하고자 당이 직접 나서서 그의 이야기를 이용하려고 노력했다.

시진핑의 이야기 속에는 시진핑의 개인사뿐만 아니라 당시 시대상이 존재한다. 시진핑은 비정상적으로 왜곡된 문화대혁명 전후 시기를 겪으며 남다른 어린 시절을 보냈다. 10년간 계속된 이 복잡한 사회운동은 중국인에게도, 타국인들에게도 여전히 흥미로운 주제다. 50년이 지난 지금, 문화대혁명에 대해 완벽하게 설명하는 것은 그 누구에게도 쉬운 일이 아니다. 심지어 이를 직접 겪은 사람들조차 정확하게 무슨 일이 일어난 것인지 이해하지 못한다. 문화대혁명에 관해서는 당시 최고지도자였던 마오쩌둥의 변덕으로 인해 엉뚱한 방향으로 진행된 파워엘리트 간의 권력 투쟁이라는 시각과 중국인들의 가치관과 세계관을 무너뜨린 의미 있는 정신적 혁명이라는 시각이 함께 존재한다. 어느 정도는 이 두 시각 모두 반영된 복합적인 현상일 것이다.

엘리트 간의 권력 투쟁이 만연한 시대였고, 시진핑의 집안 역시 이로부터 벗어날 수 없었다. 시진핑은 1953년, 군 지휘관이자 마오쩌둥의 가까운 동지로서 1930년대부터 함께한 시중쉰의 아들로 태어났다. 시중쉰은 1961년까지 문화 분야 책임을 맡았으며, 그해 발간된 한 소설에 대한 해석을 둘러싸고 벌어진 정치적 논쟁에 휘말릴 때까지 부총리직을 맡았다. 이 정치적 싸움에서 반대편에 서 있었던 그는 결국 가택 연금에 처해졌지만, 마오쩌둥의 지시로 감옥 생활은 피할 수 있었다. 그 후 20여 년간 시중쉰은 권력 밖으로 밀려나 있었다. 그리고 그동안 아들을 만난 것은 겨우 몇 번에 불과했다.

일곱 형제 중 둘째였던 시진핑은 사춘기에 접어들면서 특히 불안정하고 혼란스러운 변화를 겪었다. 1966년에는 베이징 중앙부 옆에 있는 당시 고위 간부의 자제들만 다닐 수 있는 엘리트학교에 다니다가, 한순간에 산시성 북쪽 옌안 지역으로 내려와 생산공장에 다니게 되었다. 이 시기 시진핑은 후에 그와 함께 공산당 지도부에 들어간 왕치산과 연을 맺게 된 것으로 보인다. 엄청난 충격과 소외의 시간이었다는, 이 시기를 겪은 많은 사람의 증언에도 불구하고 『시진핑 이야기』 속에서는 근사하게 묘사되어 있다. 농촌 생활의 경험이 전혀 없는 도시의 어린아이들과 쓸모없는 사람들은 자신을 스스로 돌보기도 어려운 지역으로 보내졌다. 학대와 괴롭힘이 만연했고, 분개한 농민들과 농촌 주민들이 그들의 시각에서는 제멋대로이며 쓸모없는 사람들을 죽이는 이야기가 널리 퍼졌다. 근대화 과정이 오히려 후퇴하고 도시의 규모가 축소된 이 시기는 근대 중국사에서 독특한 위치를 차지하며, 이에 관한 문학 작품들도 많이 존재한다. '흉터' 혹은 '상처 입은' 문학이라고 불린다.

시진핑의 농촌 생활 이야기는 그가 함께 삶을 영위했던 농민들의 존경과 사랑을 얻었으며 중국에서 가장 열악한 지역의 상황에 대한 깊은 지식을 습득할 수 있었음을 보여주고 있다. 이 것이 사실이든 아니든, 이 시기는 의심할 여지없이 시진핑에게 큰 영향을 미쳤을 것이다. 비슷한 시기에, 하지만 보다 나이가 들어 장시성 농촌으로 추방되고 트랙터 공장에서 일하게 된 덩샤오핑 역시 그 경험으로 인해 큰 변화를 겪었다. 40여 년을 공산당을 위해 일한 뒤 60대에 이르러서야 가난을 목격한 덩샤오핑에게 이는 농민들에게 보다 나은 삶을 약속했던 공산주의가 중국에서 실패했다는 반박할 수 없는 증거였다. 사회주의가 국가 통치체제가 된 지 30여 년이 지난 그때, 대부분의 농민은 영양실조에 걸려 있었고 최소한의 생활여건을 근근이 유지하고 있었으며 그 낙후 수준은 가히 충격적이었다. 덩샤오핑에게는 충격적인 재평가의 순간이었고, 1976년 마오쩌둥의 죽음 이후 덩샤오핑이 도입한 대부분의 정책의 핵심에 그 경험이 반영되었다.

덩샤오핑보다 젊고 경험이 일천한 시진핑에게 산시성에서의 경험은 달랐다. 하지만 그 영향이 오래 지속된 것은 분명하다. 2017년 이제 위대한 중국이 재건되었다고 천명할 때조차 시진핑은 2020년이 돼서야 중국에서 가난은 과거의 일이 될 것이라고 했다. 그리고 국내 순방을 하는 동안 지난 1970년대 그가 시간을 보냈던 농촌 지역과 비슷한 마을을 몇 차례 방문했다. 이는 곧 시진핑의 공식적 삶의 기록에서 그가 농촌에서 보낸 시간이 상당히 중요한 부분을 차지하고 있음을 의미한다. 덩샤오핑 이후의 중국 지도자 중에서 시진핑은 농촌에 대한 가장 진실하고 널리 알려진 연결고리를 가진 지도자 중 한 명이며, 시진핑은 바로 이 점을 홍보하기 위해 자신의 농촌 경험을 활용한다.

문화대혁명 시기 농촌으로 하방된 많은 지식청년과 마찬가지로 시진핑의 농촌 생활 또한 그 시작처럼 갑작스럽게 끝이 났고, 1970년대 중반 베이징으로 돌아온 시진핑은 칭화대학교에 입학해 공학을 전공했다. 당시 중국의 교육체계는 계속된 사회운동(대중운동)과 정치적 혼란으로 인해 제 기능을 발휘하지 못하고 있었다. 베이징의 대학들은 좌익운동과 혁명의 온상이었다. 2012년 시진핑이 국가주석으로 선출된 후, 과거 그의 명문대 입학이 정당한 것이었는지가 논쟁이 되었다. 당시 농촌으로 하방된 젊은이들을 대상으로 대학입학할당제가 존재했는데, 좋은 집안 배경이 오명처럼 여겨지던 시기이긴 했지만, 시진핑이 칭화대학교에 들어갈 수 있었던 데는 아이러니하게도 그의 집안 내력이 도움되었을 것이다. 어쨌든 공학을 전공한 시진핑은 명목상 기술

관료가 되었다.

　대중운동이 최고조에 달할 때 성인기를 맞고 인격이 형성되
는 중요한 시기를 대중운동의 도화선이 된 여러 사건과 이후 이
어지는 사회적 변화를 겪으며 보낸 시진핑과 같은 사람들에게
문화대혁명은 어떤 의미였는지 좀 더 자세히 살펴볼 가치가 있
다. 2016년은 중국 내부적으로는 '10년의 동란'이라 불리는 문화
대혁명의 공식적인 시작이라고 간주하는 5.16 통지를 발표한 지
50주년이 되는 해인데, 이를 기념하는 유일한 이벤트로서 관영
신문인 『인민일보』에 한 사설이 실렸다. 사설을 통해 신문은 문
화대혁명이 초래한 시간과 문명의 손실에 대해 비판했다. 이는
1981년 결의문을 통해 밝힌 당의 공식 평가 이후 40년 가까이
지속된 문화대혁명에 대한 당의 견해다. 시진핑은 이 시기에 대
해 매우 드물게, 그것도 아주 짧게 언급하곤 하는데, 문화대혁명
에 대한 시진핑의 시각은 부정적이다. 마오주의자이며 심지어 마
오쩌둥과 많이 닮았다고 종종 비판받는 시진핑과 당 선전원들로
서는 시진핑 자신이 직접 경험한 마오주의에 대해 거의 이야기하
지 않는다는 점이 이상할 정도다. 과거에 대해 향수를 품고 있는
모습은 아니지만, 정치적 인물에 대한 대중의 사랑과 비록 짧은

기간이긴 했지만 취할 정도로 강렬했던 인민의 열정을 토대로 사회 전체를 아우르며 비범한 영향력을 행사했던 마오주의는 시진핑에게 큰 영향을 미쳤을 것이다.

이 시대를 돌이켜볼 때 당이 직면한 큰 딜레마 중 하나는 문화대혁명이 적어도 초기에는 대중적 사회운동으로서 수백만 젊은이들이 적극적으로 참여했다는, 명백하지만 받아들이기 불편한 사실이다. 이 시대는 또한 유구한 중국 역사상 유일하게 국가 전체가 마오쩌둥 사상으로 하나 된 순간이기도 했다. 하지만 이 순간은 결국 오래지 않아 실패로 끝났다. 그리고 많은 사람의 기억 속에 큰 오점으로 남았다. 예컨대, 시진핑은 가해자가 아닌 피해자로서의 세계관을 형성하게 되었다. 물론 이것은 향후 시진핑에게 있어서는 큰 자산으로 판명되었다. 그리고 이는 시진핑의 역할이 좀 더 복합적임을 의미한다. 시진핑은 끝까지 버틴 마오쩌둥의 신봉자라기보다는, 마오쩌둥의 영향을 견디고 끝까지 살아남은 생존자에 가깝다. 이후 시진핑이 보인 마오쩌둥을 향한 헌신은 지금까지도 그 가치를 인정받고 있는 중화 마르크시즘이라는 정치사상을 발전시킨 상징적 인물에 대한 충직함이라고 보는 것이 타당하다. 마오쩌둥을 한 인간으로서 바라본다면 상황은 더욱 복잡하다. 시진핑에 대해 널리 알려진 사실 중 하나는 아버지가 문화대혁명에서 살아남아 1970년대 후반 덩샤오핑이 복권될 때 재기했다는 것이다. 그 덕분에 시진핑은 살아남을 수 있었다. 반면, 그의 동료들은 죽음을 피할 수 없었다. 시진핑은 마오쩌둥 사상의 쓰나미, 그 영향 밖에 서 있었지만 내부 화산의 강렬함을 충분히 경험할 수 있었다. 그 혹독한 영향 덕분에 시진핑은 오늘날 그의 공식 일대기에서 강조되듯이 융통성을 키울 수 있었다. 또한 평정심을 유지한 채 냉혹한 정치 세계를 바라볼 수 있는 능력을 키웠고, 그 덕분에 시진핑은 몇 년 후 동료인 보시라이와 저우융캉이 몰락할 때 유리한 위치를 차지할 수 있었다. 마오쩌둥은 위대한 스승이었고, 중국 정치계에서는 최후의 승자가 모든 것을 차지한다는 명언의 본보기였다. 단지 이러한 의미에서만 보면 시진핑은 오늘날의 마오주의자다.

서구의 유권자라면 엘리트 정치 지도자들이 자신의 정치적 신념이나 혹은 그 부족함을 드러내는 순간을 잘 포착해야 한다. 중요한 단서 중 하나는 그들이 정치적 경력을 처음 쌓을 때 어느 당에 입당하느냐 하는 그들의 선택이다. 그리고 계속 경력을 쌓아가면서 자신의 믿음과 신념, 생각에 따라 선택을 하거나 혹은 그에 반하는 선택을 하는 순간들이 있다. 중국의 일당체제하에서는 정치에 뜻이 있는 사람이라면 그 선택은 간단하다. 즉, 공산당에 가입하는 것이다. 진짜 질문은 왜 사람들이, 특히 시진핑과 같은 배경을 지닌 사람들이 정치를 하고 싶어 하는가다. 정치 활동을 함에 있어 공산당원은 선택의 제약을 받는 것처럼 보인다. 하지만 시진핑의 일대기에서도 나타나듯, 이 모든 것이 시진핑의 자유 의지에 의한 선택이었음을 보여주는 두 가지 핵심적인 사실이 있다. 첫째, 시진핑은 공산당원이 되기 위해 총 열 번의 시도를 했고, 1973년 마침내 입당이 허락되었다. 둘째, 시진핑은 1980년대 초 군인으로서의 경력을 포기하고 민간인으로서 정치에 입문했다. 이 또한 그의 선택이었던 것처럼 보인다. 시진핑은 1978년부터 1982년까지 중앙군사위원회 상무위원 겸 비서장이었던 겅뱌오의 비서로 일했다. 이 덕분에 군대에서 뛰어난 경력을 쌓을 수 있었겠지만, 1982년 제대하면서 시진핑은 지방정부의 당정 업무를 하며 가늘고 오래 살아남을 수 있는 길을 택했다. 또다시 베이징을 떠나 지방을 전전했는데, 처음에는 수도 주변의 허베이성에, 1985년부터는 푸젠성에서 지냈다. 중국에서는 군인이라는 직업이 지위와 영향력을 의미하지만, 큰 정치적 영향력을 행사할 수는 없다. 따라서 시진핑이 이러한 선택을 했다는 사실은 이미 이때부터 그가 엘리트 정치 지도자가 되겠다는 전략적 비전을 품고 있었음을 의미할 수도 있다. 정치에 대한 그의 관심과 야망을 분명하게 보여주고 있다.

시진핑은 수년을 남동부 연안 푸젠성에서 지내면서 베이징과 중앙지도부로 진입할 수 있는 손쉬운 길이 있다는 사실을 상상하기조차 어려웠을 것이다. 푸젠성은 해외 접촉이 가장 활발한 지역 중 하나였고, 근접해 있으며 사실상 독립적 지위를 유지한 채 자본주의가 번성하고 기술적으로 발전한 경제국 타이완과 교역을 맺기 시작했다. 1985년부터 이곳에서 보낸 16년의 세월은 중앙지도부에서의 시진핑 경력에 근간이 되었다. 중국인민해방군의 유명 가수이자 중장이었던 펑리위안과 결혼한 것도 바로 이때였다. 펑리위안은 시진핑의 두 번째 부인으로, 그의 첫 번째 결혼은 아내가 외교관이었던 아버지가 있는 영국으로 떠나면서 이혼으로 끝이 났다. 시진핑의 정치적 성장에 있어 펑리위안은 두 가지 측면에서 중요한 인물이다. 첫째, 수년간 중국중앙텔레비전CCTV 연말연시 공연의 초대형 스타였던 펑리위안은 사회적 위치가 시진핑보다 훨씬 높았다. 둘째, 그녀와의 결혼은 시진평이 파워엘리트의 일원이었음을 단적으로 증명하는 것이었다. 2007년 이후 그녀는 점차 시진핑의 뒤에서 영향력을 발휘했는데, 이처럼 중국 정치계 일인자의 배우자가 공적 역할을 두드러지게 수행한 것은 마오쩌둥 이후 처음이다. 하지만 선동정치가이며 극좌파였던 마오쩌둥의 부인 장칭과는 달리 펑리위안의 역할은 훨씬 더 온화했다.

2000년부터 2002년까지 푸젠성에서 시진핑의 마지막 직책은 성장이었다. 성장으로 임명되기 전 그는 1990년대 후반 칭화대학교 마르크스학원에서 법학 박사과정을 수료했다. 그는 또한 푸젠성 사업가인 라이창싱이 수십억 달러에 달하는 밀수를 위해 지역의 모든 주요 인사들을 돈과 섹스, 기타 유인책으로 유혹했던 당시 지역에서 가장 큰 스캔들에도 휘말리지 않고 견뎌냈다. 10년 후 다시 중국으로 인도되기는 했으나 라이창싱은 캐나다로 도망갔고, 푸젠성 고위 간부들은 대부분 징계를 받았다. 시진핑의 공식 일대기와 그 당시 성명서에 따르면 시진핑은 당시 그를 유혹하기 위한 덫을 피한 것처럼 보인다. 그 자체로서 흥미로운 사건이다. 시진핑이 지냈던 당시 푸젠성은 호황을 누리고 있었기 때문에 지역유지들이나 그들과 친분이 있는 사람들은 이러한 유혹을 피하기 어려웠다. 정치적 야망이 컸던 시진핑이었기에 사업가들과 얽히는 것을 조심했을까? 확실히 시진핑은 정치적 주체로서의 당과 그 주변에서 이익을 보는 상계 사이에 어떠한 분명한 선이 존재한다는 소신을 가지고 있는 듯하다. 사실 그보다 더 의미심장한 것은 직계가족이 지역의 비즈니스에 절대 관여하지 못하도록 한 데 있다. 시진핑의 누나들과 형은 그가 일했던 지역의 어떤 주요 기업들과도 관계를 맺지 않았다. 가족 중심의 관계를 지향하는 중국 사회에서 혈연관계를 무시하기는 무척이나 어렵고, 따라서 이것은 다른 엘리트 정치 지도자들은 엄두도 못 내는 혹은 낼 생각조차 없는 시진핑만의 원칙이었다. 그리고 이 때문에 많은 사람이 몰락했다.

2002년 역동적인 해안 지역 저장성으로 자리를 옮긴 시진핑은 당의 최고직 당위원회 서기가 되면서 자신의 정치 인생에서 처음으로 의미 있는 승진을 한다. 그리고 그즈음 지역 문제를 다룬 '저장성으로부터의 새로운 이야기'라는 제목의 블로그를 운영하기 시작했다. 만약 그가 직접 작성한 것이 아니라면, 그의 지시에 따라 대필작가가 썼을 것이다. 저장성에서의 그의 업무는 대개 기업 친화적이었지만 그렇게 눈이 띌 정도는 아니었다. 대부분 민간 부문이 주도하는 영역에서 외국 투자를 장려했고, 마윈이 작은 인터넷 스타트업을 시작하고 마침내 오늘날 대형의 알리바바로 성장해나갈 때는 뛸 듯이 기뻐했다. 2000년대 중반에 이르러 과연 누가 후진타오의 후계자가 될 것인지에 대한 추측이 시작되었을 때, 가장 강력한 후보자는 아니었지만 젊고 야심 찬 미래 지도자 중 한 명으로 시진핑의 이름이 거론되었다. 하지만 이때만 해도 2007년 제17차 당대회에서 시진핑이 후계자로 지명될 것이라고는 아무도 확신하지 못했다.

2007년 연금 운영 관련 부패로 낙마한 당시 당위원회 서기 첸리앙위의 뒤를 이어 시진핑은 중국에서 가장 역동적인 도시 상하이로 자리를 옮겼고, 이곳에서 짧은 임기를 보내면서 당내 요직을 차지하기 위한 본궤도에 올라섰다는 것이 보다 명백해졌다. 20년 전 장쩌민이 그랬던 것처럼 상하이는 당내에서 더 높은 자리에 올라가는 데 좋은 발판이 되어주었다. 이 기간을 잘 보낸 결과, 그해 10월 시진핑은 정치국 상임위원회에 가장 직위가 높은 신입 멤버이자 다섯 번째 멤버로서 이름을 올렸고, 사실 이는 사람들에게 그리 놀라운 소식이 아니었다. 시진핑은 이제 의심할 여지없이 확실한 중국의 차기 지도자였다.

후계자로 지명된다는 것은 현대 중국 정치에서는 양날의 칼이다. 실제 승계에 관한 명확한 규칙이 존재하지 않는다는 것이 가장 큰 문제였다. 예컨대, 마오쩌둥에게는 세 명의 후계자가 있었는데, 그중 두 명의 정치생명은 끝이 좋지 않았고 세 번째 후계자 화궈펑이 잠시 마오쩌둥의 뒤를 이었을 뿐이다. 하지만 과연 누가 대체할 수 없는 후계자가 될 수 있을까?

마오쩌둥이 1940년대부터 차지하고 있었던 당 주석 자리는 1980년에 이르러 폐지되었다. 경험 많고 추진력 강한 실무자였던 덩샤오핑이 부각되면서 화궈펑의 존재감은 급격히 퇴색했다. 덩샤오핑 역시 자신의 후계자를 구하는 데 그리 성공적이지는 못해서 두 명의 후계자를 내친 후 결국 장쩌민을 후계자로 내세웠다. 장쩌민은 사람들에게 사랑받지는 못했지만 믿을 만한 당 지도자였다. 장쩌민과 후진타오 간의 정권 교체는 적어도 표면상으로는 비교적 깔끔했다. 하지만 후진타오 정권 내내 장쩌민은 공식적으로든 비공식적으로든 당 지도부와의 관계를 계속 이어갔다. 당이 의사결정을 하는 데 장쩌민이 관여하지 않은 적이 단한 번도 없었다고 할 정도였다. 따라서 2007년에 시진핑이 후계자가 되었다는 것은 사실 큰 의미가 없었다. 그가 맡은 책무 역시 상징적으로는 중요했지만, 그의 옆에 있는 또 다른 젊은 리더, 리커창만큼은 아니었다. 리커창이 복지나 헬스케어와 같이 다루기 힘든 골칫거리 문제들을 다루는 동안, 시진핑은 2008년 올림픽 준비위원회의 위원장을 맡고 공산당교를 운영하는 등 당 운영에 도움을 주는 책무를 맡았다. 소위 '가장 강력한 후계자 후보'들이 실제 자리를 승계받는 성공률이 매우 낮다는 사실을 관찰한 시진핑은 낮은 자세를 유지하는 것이 중요하다는 결론을 얻었다. 그리고 1993년부터 2002년까지 시진핑은 거의 앞에 나서지 않았다. 블로그를 운영하고 글을 올리는 것조차 그만두었다. 단 한 번 무분별한 행동을 한 적이 있었는데, 2009년 멕시코를 방문했을 때 마이크에 대고 "배불뚝이 외국인들이 중국을 비난한다"고 불평하면서 이슈가 되었다. 2012년 이후부터는 이러한 당당하고 밀어붙이는 태도가 점차 전면에 등장했다. 하지만 그 당시에는 이것이 시진핑 속내에 품고 있었던 진짜 생각이었는지, 아니면 단순히 긴 비행에 지친 나머지 보인 심술궂은 반응이었는지는 분명하지 않다.

　　2011년과 2012년 사이 이루어진 당 지도층의 교체는 오늘날의 시각에서 봤을 때는 마치 오래전 고대사처럼 느껴진다. 하지만 제18차 당대회는 아무도 예상하지 못한, 매우 예민하고 극적인 시기에 열렸다. 당시 가장 중요한 사건은 남서부 충칭시 소재의 3성급 호텔에서 닐 헤이우드가 원인 불명으로 사망한 것이었다. 헤이우드는 영국 기업인으로서 1990년대부터 중국에서 사업을 해왔고, 앞서 언급한 카리스마 넘치는 야심가 보시라이와 밀접한 관계를 유지하고 있었다. 보시라이는 중국에서 공산당이 창설된 이래 쭉 권력부에 있었던 공산당의 '8대 원로' 중한 명이며, 2007년 99세로 사망한 보이보의 아들이다. 보시라이와 아내 구카이라이, 아들 보구아구아는 헤이우드와 친분이 있었던 것으로 보이지만, 살인에 직접 연관되었는지는 명확하지 않다. 2011년 처음 나온 이야기는 출장차 충칭시를 방문한 헤이우드가 술에 취해 사망했다는 것이었다. 하지만 2012년 2월, 보시라이의 심복이었던 충칭시 공안국장 왕리쥔이 옆 도시 청두에 있는 미국 총영사관으로 도피하는 극적인 상황이 벌어졌다. 그리고 그 후 몇 시간 동안 왕리쥔은 얼마 전까지만 해도 자신의 상사였던 보시라이의 유죄를 증명하는 엄청난 양의 정보를 폭로했다. 보시라이는 3월까지 자리를 유지했으나 해임되었고, 그 후 그의 아내가 헤이우드 살인 혐의로 체포되었다.

정치에서는 기술만큼 운도 중요하다. 고대 로마 시대 키케로가 운명의 여신 포르투나가 앞뒤로 왔다 갔다 하는 방식에 관해 이야기한 적이 있다. 여기서 중요한 것은 기회를 잡는 것이다. 물론 지금으로서는 추측에 지나지 않겠지만, 만약 보시라이가 그의 정치경력을 유지하면서 헤이우드의 죽음 전 모든 사람이 예견했던 것처럼 상임위원회에 진입할 수 있었더라면, 그는 시진핑이 상대해야 할 무시무시한 정적이 되었을 것이다. 음모론에 흥분하는 것이 보통은 현명하지 못하지만, 잠재적인 경쟁자를 이렇게 단호하고 신속하게 제거할 수 있었다는 것은 시진핑으로서는 엄청난 선물이었다. 이 사건과 2012년에 일어난 또 다른 사건으로 중국은 정신없고 불안한 분위기가 팽배했다. 그리고 이미 어느 정도는 신중한 태도를 견지하던 당 지도층을 더욱 위축되게끔 했다. 그 당시 이루어지는 정권 교체는 당 유지를 위해 매우 중요했다. 세계적 관심을 끌면서 그 압력은 더욱 심해졌다.

그해 말 제18차 당대회가 열리기 전에 일어난 마지막 놀라운 사건은 9월 힐러리 클린턴 미국 국무장관이 중국을 방문했을 때 시진핑이 사라진 것이었다. 시진핑이 갑자기 사라진 이유에 대해서는 수영장에서 넘어져 다쳤다는 이야기부터 암살설에 이르기까지 여러 추측이 난무했다. 그 후 또 다른 이유가 밝혀졌는데, 즉 차후 당대회에서 누가 승진할 것이냐를 놓고 벌인 막후협상 때문에 화가 난 시진핑이 장쩌민과 후진타오 등 핵심 멤버들에게 자신을 지지해주지 않는다면 공산당을 탈퇴하리라는 것을 분명히 했다는 것이다. 당시 무슨 일이 일어난 것인지는 여전히 의문이다. 한 가지 확실한 것은 당시 11월 중순 이전 베이징에는 도시를 질식시키는 스모그만큼이나 짙은 음침하고 찝찝한 음모의 공기가 가득 차 있었다는 사실이다. 당조차도 앞으로 무슨 일이 일어날지, 누가 최고지도자가 될지, 어떤 방향으로 일이 진행될지 전혀 알 수 없었다. 이러한 분위기는 당대회가 당초 계획보다 며칠 더 지속되면서 더욱 고조되었다. 마침내 11월 15일 당초 계획보다 한 시간이 더 지나서 새로운 상임위원회가 결정되었다. 당초 아홉 명의 멤버에서 두 명이 줄어든 일곱 명의 상임위원들이 처음 모습을 드러냈을 때, 당으로서는 큰 기회를 놓쳤다는 인상을 지울 수 없었다. 류윈산과 장더장 같은 인물은 극도로 보수적으로 보였다. 왕양과 같은 흥미로운 인물은 승진하지 못했다. 베이징의 한 호텔 로비에 앉아 텔레비전을 통해 새로운 중국 권력 그룹의 탄생을 바라보며, 나는 다른 많은 평론가처럼 이것은 중국공산당의 신중함의 승리라고 느꼈다. 하지만 그 당시 우리가 완벽히 이해하지 못했던 것은 이것이 집단의 지도력이 아닌, 한 사람의 정책을 지지하고 수행하기 위한 시스템이라는 사실이었다. 그리고 11월 15일 이후, 시진핑은 공산당이 밀고 있는 새로운 국가적 서사에서 그 중심인물이 되었다. 당시 우리는 인지하지 못했지만, 지배적 지도자 시진핑의 시대가 시작된 것이다.

제 2 장
당원 시진핑

2012년 말 공산당 총서기로 선출되기 몇 주 전, 시진핑은 명성 높은 자유주의 학자 후더핑과 만났다. 그 자리에서 시진핑은 중국이 큰 위기에 봉착했음을 인정한 것으로 알려졌다. 수년 전 원자바오 국무원 전 총리가 언급한 4불$^{\pi}$경제가 주요 이슈로 떠올랐다. 당시 중국의 경제 시스템은 불안정하고 지속 불가능하며 불균형적이고 불평등했다. 2008년 세계 금융위기가 도래하면서 특히 이 문제가 부각되었다. 중국의 경제 시스템은 주로 제조업에 기반을 두고 있었고, 세계 경제의 움직임에 취약했다. 중산층의 소득 성장이 한계에 부딪혔다는 두려움도 팽배했다. 정치학자 밍신페이가 지적했듯, 세계 제조공장을 넘어 서비스 산업기지로 부상하는 과정에서 중국은 덫에 빠져 허우적거리고 있었다. 고정자산에 대한 높은 투자율과 낮은 소비율, 계속된 성장에도 불구하고 다른 분야에 비해 여전히 취약한 서비스 산업, 특히 정확한 규모를 추정하기 어려운 지방정부의 대규모 공공부채 등으로 특징지어지는 중국의 경제 시스템은 여전히 비정상적인 모습을 보였다. 지방정부 관료들이 자신을 보호하기 위해 사안을 과장하기도, 축소하기도 하면서 그 누구도 전체적인 경제 상황을 알지 못한다는 사실이 더 큰 문제였다. 중국의 국가 경제 통계치에 대한 신뢰성은 그리 높지 않았다.

중국의 경제 시스템이 이렇게 비정상적인 모습을 보이는 데는 마오쩌둥 시대 이후 한 번도 경기침체를 경험해보지 않은 인구가 점점 증가한다는 것도 큰 요인으로 작용했다. 사실 지난 수십 년간 중국에서는 경기침체가 일어나지 않았다. 자급자족이 가능한 원시적 모습의 중앙집중식 경제 모델하에서 국가를 운영했을 때조차, 중국의 경제 성장은 계속되었다. 중국의 젊은이들은 매해 두 자릿수의 경제성장률을 기록한 시대를 살았다. 도시 중심에 살면서 서비스 직종에 종사하는 중산층은 1990년대 중반 이후, 비슷한 계층의 서구인들이 누리는 생활양식을 즐기기 시작했다. 전화와 TV, 냉장고를 꿈꾸던 시대에서 깨끗하고 좋은 집, 높은 관세의 수입 자동차, 최신 전자기기와 휴대전화를 갈망하는 시대를 살았다. 그리고 중산층의 삶에 대한 기대와 요구는 점점 커졌다. 더 큰 문제는 이들이 비록 제한적이기는 하나 자신들의 법적 권리에 대해 인지하고 청원이나 혹은 다른 방식으로 자신들이 원하는 것을 요구하는 데 거리낌이 없다는 사실이었다.

2012년 중반 후더핑과 만났을 때 시진핑도 이 모든 사안을 염두에 두기는 했을 것이다. 하지만 두 사람의 대화에서는 정치적 쟁점이 우선했다. 예컨대, 두 사람 모두 일당체제를 유지하는 것이 다른 대부분의 나라, 특히 소비에트연방에서 얼마나 어려웠는지 분명하게 인지하고 있었고, 모든 것을 희생해 경제를 키웠던 후진타오 시대는 예외였다고 생각했다. 2001년 이후 중국의 경제 규모는 네 배 이상 증가했다. 하지만 사회 불평등도 급증해서 다른 나라와 비교해 억만장자의 수는 훨씬 더 많았지만, 동시에 1억이 넘는 인구가 빈곤 속에 살고 있었다. 또한 급속한 산업화로 인해 이상기후가 심해지고 티베트고원의 얼음 덩어리가 녹아내리는 등 자연환경은 파괴되기 일보 직전이었다. 정치적으로 최악의 환경 문제는 상하이에서부터 베이징에 이르기까지 중국 연안에 넓게 퍼진 고농도의 스모그가 사람들의 호흡에 막대한 영향을 미치고 결국 기관지 문제로 인해 조기 사망이 늘어나면서, 질 높은 생활을 보장하겠다는 정부의 약속을 제대로 지키지 못하고 그 능력의 한계를 드러낸 데 있었다. 여기에 덧붙여 1970년대와 1980년대의 한 자녀 정책으로 인한 인구 노령화, 성 불균형, 선진국을 황폐화한 암과 심장질환, 비만과 같은 질병의 발병률 증가 등 인구학적 측면의 문제 또한 중국의 큰 골칫거리였다. 신랄한 일부 관측통들이 비꼬듯, 중국은 충분히 성장하기도 전에 늙어가고, 충분히 발전하기도 전에 병들어가는 나라였다.

하지만 후계자에게 있어 소위 후진타오의 잃어버린 시대는 하나의 거대한 자산이었다. 엄청난 규모의 중국 경제가 앞으로 성장할 가능성은 충분했다. 문제는 국가가 직면한 정치적·행정적 도전을 어떻게 극복하느냐였다. 빠른 속도로 성장을 지속하는 것은 불가능했다. 어느 시점에서는 성장이 둔화할 수밖에 없었다. 핵심은 효율이었다. 중국에는 가파른 GDP 성장이 아닌, 더 나은 국가 운영이 필요했다. 경제가 아닌, 정치적 이슈에 초점을 맞춘 리더십이 중요한 시점이었다. 문제는 어떤 모습의 정치체제를 만들어나갈 것인가, 거대국가로서 중국이 지닌 경제적 이점을 어떻게 활용할 것인가였다. 두 가지의 선택이 가능했다. 사태가 걷잡을 수 없는 상황이 되기 전에 정치체제를 전면 개편할 것인지, 아니면 정치 활동을 통제해 지금의 일당체제를 유지하면서 중산층의 소득을 증대할 방안을 마련할 것인지를 선택해야 했다.

수개월의 지리한 싸움 끝에 공산당 총서기로 선출된 시진핑은 2012년 11월 15일 베이징에서 첫 연설을 하며 이 모든 문제를 다루었다. 이날 시진핑의 연설은 세 가지 측면에서 의미가 있다. 첫째, 시진핑은 당이 추구하는 바가 결국 본질적으로 국가가 추구하는 것이라 강조하며 사람들의 마음에 열정을 불어넣었다.

우리의 책임은 모든 당원과 국가의 모든 민족을 단합시켜 이끌며, 역사적 책임을 이어받아 중화민족의 위대한 부흥을 위해 지속해서 힘쓰고, 세계 속에서 굳세게 일어나 인류에 더 큰 공헌을 하는 데 있습니다.

둘째, 존재 이유에 대해서는 예전의 논리를 유지하면서 당은 중국 인민의 심부름꾼이라는 새로운 '서비스' 개념을 강조했다.

이 위대한 책임은 인민에 대한 책임입니다. …… 우리 인민들은 삶을 사랑하며, 더 편안하고 쾌적한 주거환경, 더 나은 교육과 의료 서비스, 더 안정된 직업과 더 나은 수입, 더 신뢰할 수 있는 사회보장 등 좋은 환경을 기대하고 있습니다.

중국은 더욱 부유해졌고 인민들의 기대치가 높아졌다는 것을 전제로, 당은 인민들의 기대에 부응하겠다는 의지를 다졌다. 과거 지도자들이 강조했듯, 당의 가장 큰 목표는 모든 이가 밥을 먹고 옷을 입게 하는 데 있었다. 이 기본적인 욕구를 충족시키는 것이 사회주의 건설을 위해 중요하다고 보았다. 하지만 이제 이러한 기본적인 욕구는 충족되었고, 깨끗한 주거환경과 높은 수준의 교육과 의료 서비스, 해외여행 등 인민들의 요구가 다양해졌다.

셋째, 이 모든 것을 추진하는 데 당의 기능을 어떻게 설정할 것인지에 대해 설명했다. 시진핑 자신이 분명히 밝혔듯, 당은 '정치적' 존재였다.

우리의 책임은 당이 스스로 감독하고, 엄격한 규율을 적용하고, 당내 사안들을 효율적으로 다루고, 진지하게 당의 업무 스타일을 개선하고, 인민들과 긴밀한 유대를 유지할 수 있도록 당의 모든 동지와 함께 일하는 데 있습니다. 그렇게 함으로써 우리 당은 중국 특색 사회주의를 발전시켜나가는 데 확실하고도 핵심적인 지도자로서 역할을 할 것입니다.

중국 정치에 대해 배경지식이 없는 사람이더라도 이 세 가지 측면 모두 당에 초점이 맞추어져 있고, 그 중심에서 중국의 국가 발전을 이야기하고 있다는 사실에 놀랄 것이다. 시진핑의 연설은 그가 당원이고, 당의 권력을 지속 가능하게 유지하는 것이 그의 중추적 사명이라는 점을 분명하게 보여준다. 당면 과제는 당이 권력을 원하는 이유가 권력 그 자체에 있지 않고 더 큰 목적, 즉 국가의 부흥을 위해서라고 인민을 설득하는 것이었다.

2012년 시진핑이 집권하면서 이 세 가지 핵심 주제는 당이 추진하는 다양한 정책과 조치, 회의 등을 통해 나타났다. 장단기 목표를 포함한 미래의 청사진이 그려졌고, 그 목표를 달성하기 위해 당은 국가를 이끌었다. 가장 중요한 미래의 이정표는 '두 개의 100주년 목표'인데, 그중 첫 번째는 중국공산당 창당 100주년이 되는 2021년까지 중국이 소강사회를 이루는 것이다. 후진타오 시대 '역사적 사명'이라고 불렸던 이 구호는 시진핑에 의해 2017년 10월 18일 제19차 당대회에서 재조명되었다. 이는 여전히 해결해야 할 문제다. 환경 문제에 대해 걱정하고 자유무역을 지지하며 일대일로一帶一路 정책을 통해 세계 경제에 기여하는 등 중국은 지금까지 전례 없던 세계 속 중심 국가가 되었다. 드디어 세계 강대국으로 인정받았는데, 이에 관해서는 뒤에서 좀 더 자세히 다루도록 하겠다.

시진핑 취임 연설에서 다룬 두 번째 핵심 주제는 인민에게 봉사하는 당과 그 정치적 기능의 중요성이다. 시진핑은 자신의 우선순위를 통해 중국 사회에서의 공산당의 역할을 명확히 보여주었으며, 특히 이것은 2017년 당장黨章(공산당의 지도지침-옮긴이)에 삽입된 시진핑 사상과 중국 특색 사회주의 현대화라는 언어를 통해 보다 자세히 설명되고 있다. 행정적 측면에서 볼 때 2013년부터 계속된 반부패 투쟁은 당의 규율을 강화하면서 그 역할이 이제는 좀 더 정치적이어야 한다는 점을 명확히 하고 있다. 즉, 부강한 국가 건설이라는 당의 전략적 목표를 달성하면서 다른 구성원들도 함께 일할 수 있는 공간을 중국 사회에 창조하는 것을 목표로 삼고 있다.

이 장의 처음에 언급된 내용을 좀 더 자세히 살펴보기 전에 우리는 시진핑의 정치적 사명과 그의 정치 스타일에 있어 당이 왜 그렇게 중요한 존재인지를 생각해볼 필요가 있다. 이는 매우 중요한 문제다. 이 책의 서론에서 시진핑이 전임자들, 심지어 마오쩌둥보다 훨씬 더 강력한 지도자라는 주장을 했는데, 이러한 주장은 시진핑에게 있어 당은 무엇이고, 지도자로서 그와의 관계가 어떠한지 검토가 필요하다.

중국공산당은 융통성 있고, 적응력이 뛰어나며, 권위주의적이고, 분열되어 있으며, 레닌주의적이고, 협의적인 존재로 불린다. 이러한 수식어는 계속될 수 있다. 다른 건 몰라도 최소한 당의 특징을 설명하는 것이 얼마나 어려운 일인지 증언할 수 있다. 역사 속에서 그 단서를 찾을 수 있다. 1911년 청 왕조가 멸망하기 전, 근대화를 위한 중국의 처절한 몸부림 속에서 중국공산당은 시작되었다. 그리고 20세기 초반 일본을 통해 마르크스 사상이 중국으로 유입되었는데, 처음에는 단지 오래전 과학적 발전을 이루었던 중국이 점차 시간이 흘러가면서 왜 뒤처지게 되었는지, 그 의문에 대한 답을 구하고자 해외 유학파 지식인들이 탐구하던 여러 사상과 신념 중 하나일 뿐이었다. 당시 일본은 산업화와 근대화를 통해 수 세기 고립되어 있던 과거 상황에서 벗어나 저 멀리 앞서가고 있었지만, 중국은 여전히 농업과 수공업 중심의 경제에 머물러 있었다.

적은 수이긴 했지만, 초기의 공산주의자들이 육성되었고, 어떤 의미에서 이들은 1917년 러시아혁명의 그늘하에서 성장했다. 마침내 소비에트연방공화국이 수립되고 안정을 찾아갈 무렵, 러시아는 중국의 동지들에게 원조의 손길을 보낼 수 있었다. 1927년까지 중국공산당은 거의 전적으로 러시아에 의존했다. 하지만 민족주의자들의 맹렬한 공격이 이어지면서 마오쩌둥은 이에 대해 다시 생각하게 되었다. 농촌 지역을 지원하고 홍군을 설립하고, 보다 현실적인 강령을 제정하면서 중국은 점차 자신만의 길을 만들어나갔다.

마오쩌둥의 지도하에서 중국공산당은 '중국 특색'이라는 문구와 함께 모든 것을 민족화 혹은 토착화해나갔다. 이후 시간이 지남에 따라 당이 내세우는 정치이념과 추구하는 경제정책은 바뀌었지만, 이 두 특징은 중국공산당만의 고유함으로 남았다. 부강한 중국을 건설하려면 마르크스주의에 기반을 두어야 한다는 것이 당의 일관된 비전이다. 그리고 혁명적인 게릴라 운동을 통해 이러한 당의 비전을 달성해나가는 데 일조한 마오쩌둥의 업적을 높이 평가한다. 하지만 혁명당에서 집권당으로 변화하는 것은 무척 어려웠다. 여러 측면에서 볼 때 마오쩌둥 시대의 가장 중요한 특징은 계급 투쟁을 시작으로 한국전쟁과 인도, 러시아, 그리고 1979년 베트남전쟁에 이르기까지 중국 안팎의 적을 상대하며 항상 싸움터에 발을 담그고 있던 사실인 듯하다. 국내에서나 국외에서나 마오쩌둥의 중국은 결코 고요한 곳이 아니었다.

1978년 개혁개방 이후 당 통치체제의 성격은 전면적으로 바뀌었지만, 세계에서 당당한 위치를 차지하는 부강한 중국을 재건하겠다는 당의 꿈은 한 번도 바뀌지 않았다. 1960년대 초 기근을 야기한 대약진 운동부터 시작해서 1966년부터 10여 년간 지속되었고 정치적으로는 터무니없이 우스꽝스러운 상황을 연출한 문화대혁명에 이르기까지 많은 정책적 실수가 있었지만, 힘 있는 강국을 향한 당의 의지는 절대 약해지지 않았다. 이는 여전히 당의 가장 강력한 논리적 무기로 남아있으며, 당이 추진하는 모든 정책과 조치에 대한 정당성을 부여한다.

당이 추진하는 대대적인 민족주의적 노력에 익숙하지 않은 사람들에게는 지난 70년간 중국 사회에서 일어난 급격한 변화가 당황스러울 수 있다. 지난 40여 년간 당이 개혁을 추진하는 동안 인생의 대부분을 보낸 시진핑과 같은 지도자가 어떻게 전혀 다른 1978년 이전과 이후의 역사 차이를 연결해줄 수 있을 것인가? 마오쩌둥이 사망할 때까지 중국의 경제는 전적으로 국가의 손에서 움직였고 소련보다 더 극단적으로 국가통제가 이루어졌다. 기업가는 모두 수감되거나 아예 존재하지 않았다. 당의 공약은 사회 정화와 계급 투쟁의 적을 제거하는 등 유토피아적 목표를 얻기 위해 이루어졌다. 중국은 특이한 방식으로 해외에서의 혁명적 투쟁을 지원했는데, 1967년까지 해외 주재 대사가 이집트 황화 대사 단 한 명밖에 없었다. 통제된 단계이긴 하지만, 1978년부터는 이에 변화가 있었다. 계급 투쟁은 사라졌고, 정부의 철저한 통제 속에서 시장경제가 시작되었다. 기업가의 역할은 점점 중요해졌다. 해외 자본을 수용했고, 그보다 더 획기적인 것은 중국이 해외에 직접 투자하기 시작했다는 사실이다. 2017년에 이르러 중국은 120개 이상 국가들의 주요 교역국이 되었다.

이러한 변화가 과연 한 국가에서 가능한가, 아니면 이것은 정말로 다른 두 국가를 의미하는가? 공산당이 하나의 일관성 있는 구조로 두 개의 이야기를 써 내려간 것인가, 아니면 1960년대 마오주의자들의 공격 이후 개혁을 통해 당이 다시 태어난 것인가? 앞 장에서 보았듯이 시진핑은 이 시기를 직접 경험했고 그 모든 것을 잘 기억하고 있다. 그는 마오주의자라고 불리기도 하지만, 이러한 묘사가 그에게는 잘 이해 되지 않는 부분이다. 대신 그는 마오쩌둥이 중요한 역할을 했던 전통의 후계자였다. 중국에서 탈스탈린화는 일어나지 않았다. 마오쩌둥은 중국 영토 중심에 있는 톈안먼 광장에서 성지와 무덤을 오가면서 술에 취한 상태로 계속 남아있을 것이다. 시진핑은 당초부터 식민지가 되어 괴롭힘을 당하던 고통의 역사를 간직한 중국이 다시는 그런 취약한 상태로 돌아가지 않기 위해 필요한 모든 수단을 이용할 것이라는 당의 약속을 계승하고 있기 때문이다.

공산당이 권력과 그 합법성을 왜 역사에서 찾고자 하는지 진정으로 이해하려면 공산주의 이념이 도입되기 전 중국에서의 생활이 얼마나 비참했는지 상기해볼 필요가 있다. 19세기에 접어들면서 140년에 걸쳐 강희와 옹정, 건륭으로 이어지는 청 왕조의 찬란한 문화가 점차 기울더니 급격히 쇠퇴했다. 제1차 아편전쟁에서 패한 중국은 1842년 영국에 조건부 항복을 선언했고, 이후 1850년부터 1864년에 걸쳐 대규모의 사상자를 낸 태평천국의 난을 겪으면서 이러한 조짐은 중국 안팎에서 두드러졌다. 중국 황실에서는 대개 보수주의자들이 권력을 장악하고 있었으나 파벌싸움이 한창이었다. 그리고 중국은 '아시아의 병자'라는 탐탁지 않은 별명까지 얻었다. 강한 문화적 자부심과 정체성, 역사적 결속력을 유지해온 중국에 상황은 더 안 좋은 방향으로 흘렀다. 1911년 결국 청 왕조는 멸망했고, 새로운 현대화를 알리는 공화국 시대가 열린 것이다. 제1차 세계대전에서 연합군 편에 선 중국에 있어 유일한 보상은 자국의 영토를 패한 독일이 일본에 양도하는 것을 목격한 것뿐이었다. 1920년대 내내 중국은 지역 분열과 불균형으로 고생했다. 일본에서는 군국주의적 리더십이 부상하고 있었지만, 군과 해군, 인프라 등이 현대화되지 못하고 국력이 점점 약해진 중국은 영토 확장의 야욕을 품은 일본의 주 목표물이 되었고, 결국 1932년부터 계속 도발과 공격이 이어지면서 1937년에 이르러서는 중국 전역이 전쟁에 휩싸였다.

1949년 이후 태어난 엘리트 지도자 1세대임에도 불구하고 시진핑과 그의 동지들에게 중일전쟁은 결코 끝난 문제가 아니다. 전쟁에 대한 생생한 기억은 점차 사라졌지만, 중국의 모든 지도자에게 그 역사적 의미는 무거운 부담으로 존재한다. 그리고 이 문제는 지난 수천 년간 이어진 두 나라의 적대관계로 인해 더욱 복잡해진다. 상호 경쟁과 불신으로 특징지어지는 중일관계는 1937년의 전쟁을 겪으며 최고조에 달했다. 중국은 두 나라 간 긴장이 고조된 것은 1945년 이후 유럽에서 독일이 그랬던 것처럼 일본이 스스로 범죄행위를 인정하지 않기 때문이라고 생각한다.

공산당은 이러한 역사의 산물이며, 여기에는 도덕적 징벌과 정의 실현이라는 국가의 특별한 요구가 녹아있다. 이것이 그 무엇보다 강력한 당의 힘의 원천인 셈이다. 1978년 이후 당의 전술은 권력을 잡기 위해 경제적 수단을 이용하는 것이었지만, 최종 결과물은 같다. 단합되고 안정적인 중국은 스스로 원하는 방식으로 세계 각국과 관계를 맺을 수 있다는 것이다. 노벨상 수상자 고故 류샤오보가 말했듯, 중국은 이제 다시 세계의 중심이 되었다.

이 역사적 담론을 시진핑이 창조한 것은 아니다. 그는 단지 이 담론 안에서 한 자리를 차지하고 있을 뿐이다. 이 이야기를 끌고 가는 리더지만 직접 만들지도, 심지어는 그 결론이 어떻게 맺어질지 결정하지도 않는다. 다른 행위자들과 마찬가지로 그의 진정한 능력은 새 작품을 만들어내는 것에 있지 않고 기존의 작품을 잘 공연하는 것이다. 이러한 맥락에서 당의 엘리트 지도자들은 5막으로 구성된 연극과 닮았다. 제1막의 마오쩌둥, 제2막의 덩샤오핑, 제3막과 제4막의 장쩌민과 후진타오, 그리고 마지막으로 제5막의 시진핑이다. 그의 책임은 비극이 아니라, 도덕적 부활과 중국인에 대한 정의 실현의 회복과 같은 감동적인 드라마를 보게 하는 데 있다. 이 드라마의 진정한 주인은 중국인들이며, 당은 이들을 대신할 뿐이다.

시진핑은 현재 그의 출중한 지위에도 불구하고, 수만 명의 지도자를 양성한 당 교육과정의 산물일 뿐이다. 중국 정치에서 권력에 접근할 수 있는 유일한 방법은 조직적 맥락일 뿐임을 고려하더라도, 당내에 있다. 다른 방법은 없다. 그리고 이것은 여전히 중요하게 여겨지는 특정 문화와 이념, 세계관, 서비스를 수용하는 것과 관련이 있다. 즉, 마르크스-레닌주의와 마오쩌둥 사상을 토대로 단합된 당이 위대한 중국의 부흥을 이끈다는 위대한 담론을 홍보하는 일꾼의 역할을 하는 엘리트 지도층에 속한다는 것을 의미한다. 마오쩌둥 사상은 단지 마르크스-레닌주의를 '중국화'한 것이다. 사회적 구조를 건설하기 위해 변증법적 유물론의 보편적 원리를 적용한 마르크스-레닌주의를 중국의 특정 상황에 적합한 방식으로(이것이 매우 중요한 조건이다) 받아들였다.

중국과 소련, 그리고 다른 공산당의 일당체제는 그 이념을 사람들에게 전달하고 동원하기 위한 전략적 도구로서 카리스마 넘치는 지도자를 만들어내고 그를 인격적으로 숭배하는 방법을 자주 사용했다. 특히, 마오쩌둥을 둘러싼 광범위한 선전과 숭배는 문화대혁명을 통해 경이로운 현상으로 나타났다. 어떤 의미에서 이 시대는 중국 역사상 유일하게 초인적인 인간을 보편적인 믿음체계와 연결한 시기일 것이다. 이후에는 이러한 지도자에 대한 숭배에 대해 강력히 저항했다. 하지만 그렇다고 해서 지도자들의 개성과 이야기를 홍보하는 것에 대한 중요성을 전혀 고려하지 않은 것은 아니다. 지도자는 도덕적 모범으로써 당의 이념적 헌신과 단합, 응집력을 보여주는 강력한 전략 도구다. 지도자의 개인적인 자질은 당 정체성의 일부며 그것이 작동하는 방식은 결정적이다.

일부 사람들의 주장처럼 이것이 과연 시진핑이 신新마오주의자임을 의미할까?

이 질문에 제대로 답하려면 시대상을 함께 살펴보아야 한다. 마오쩌둥의 중국은 오늘날과는 근본적으로 다른 곳이었다.

미디어와 산업, 정치적 메시지는 통제체제하에서 접근되었다. 국가는 고립되고, 국경은 단단히 닫혀 있으며, 신문과 라디오 방송국은 중앙 집중식 관리 구조 아래 놓여있었다. 사람들 대부분은 시골에 살았고, 그들이 참여할 수 있는 조직체는 당뿐이었다. 반면, 시진핑의 중국은 2015년에만 1억 2,000만 명이 국경 밖을 여행했다. 현재 중국은 경제 활동의 50퍼센트 이상이 비국가기구의 손에 맡겨져 있다. 1980년 이래 300만 명의 젊은이들이 유학했으며, 2억 명이 넘는 사람들이 영어를 배우고 있다. 10억 명에 달하는 중국인이 휴대전화를 사용하며, 물론 방화벽이 높기는 하지만 매일 인터넷에 접속한다. 이러한 제한에도 불구하고, 이들 중국인은 자유롭게, 마오쩌둥 시대에서는 상상조차 할 수 없는 삶을 살아가고 있다. 시진핑을 현대 중국의 마오쩌둥이라고 부르는 것은 도널드 트럼프를 현대 미국의 조지 워싱턴이라고 부르는 것만큼이나 의미가 없다. 그들이 살고 있는 이 시대가 너무 달라서 비교할 수 없기 때문이다.

더 분명한 차이는 마오쩌둥과 달리 시진핑은 줄곧 공산당원이었다는 사실이다. 마오쩌둥은 공산당이 1960년대 중반 문화대혁명을 거치면서 당이 점점 관료주의화되어 가고 자기 이익만을 위한 사조직이 되어간다고 비난하면서 공산당을 탈퇴하고 시골로 내려가 새로운 관료조직을 만들겠다고 위협한 것으로 유명하다. 이것은 말로만 하는 위협은 아니었다. 중국인에 대한 그의 카리스마는 너무 강력해서 당연히 그럴 수 있는 능력을 갖추고 있었다. 반면, 시진핑은 그런 위협조차 하지 않을 것이다. 그는 자신이 이끄는 강력한 당 구조의 맥락을 벗어나서는 큰 힘이 없다.

당원으로서 시진핑의 역할은 2012년 권력을 잡은 이후 그의 주요 행적에서 잘 나타난다. 전임자와 달리 그의 리더십은 행정이나 경제가 아닌, 정치를 기반으로 한다. 후진타오가 GDP 성장을 목표로 연일 새로운 경제지표를 만들어냈지만, 시진핑은 중국을 위대한 국가로 만드는 국가적 임무에서 당의 역할을 확대하기 위해 노력했다. 그는 당이 주도하는 캠페인을 지지하고 당의 노선을 강화했으며, 특히 부패 청산을 위한 국가적 투쟁을 위해 이념과 규율을 강화했다. 지도자로서의 그의 모든 책무는 당과 그 건전성, 지속가능성 및 핵심성에 초점이 맞추어져 있다. 이러한 측면에서 보면 시진핑이 왜 그토록 2012년 11월의 연설에서 당 역할의 중요성을 강조하고 싶어 했는지 분명하다. 당은 그의 리더십의 가장 절대적이고 핵심적인 부분이다.

제 3 장
시진핑의 가치

시진핑 사상은 독특한 개념이다. 관광객들이 대도시 상하이에 처음 도착하면, 해안 부두에 서서 황푸강 건너편에 길게 늘어선 고층건물을 바라보며 냉전 시기 적대국이던 공산국가가 어떻게 이처럼 번영한 자본주의 글로벌센터처럼 보일 수 있을까 궁금해 한다. 그들 앞에 펼쳐진 풍경을 공산당이 좌지우지한다는 증거는 거의 찾아볼 수 없다. 물론 아주 자세히 들여다보면 이상한 모양의 망치와 낫을 발견하거나, 공공건물 벽에 붙어 있는 구호를 보게 될 수 있다. 하지만 이조차 더는 정치적으로 느껴지지 않는다.

중국에서 공산주의 이념이 여전히 중요하다는 생각을 이제는 하기 어렵다. 만약 어떤 이념이라는 것이 존재한다면, 그것은 서구 모델에 기반을 둔 자본주의일 것이다. 물론 그 안에 녹아있는 정치적 질서를 배제한 자본주의다. 하지만 시진핑이 집권하면서 중국 사회 전반에 존재하는 활기차고 생기 넘치는 시장환경에도 불구하고, 공산주의 이념이 다시금 부각되고 있다. 공산당 간부들은 신新마르크스-레닌주의 사상을 배운다. 당의 재건이 최우선순위가 되었다. 베이징에 있는 중국공산당 중앙당교부터 저 아래 상하이 푸동이나 장시성 징강산에 이르기까지 중국 전역에 퍼져있는 공산당교에서는 최신의 이념적 메시지를 교육하기 위해 잘 짜인 프로그램을 운영한다. 단지 보수 마르크스주의자들에게는 립서비스만 할 뿐, 실제로는 강력한 실용주의적 목표를 추구하는 국가로서 그다지 중요하지도 않은 것을 널리 퍼트리는 데 엄청난 노력을 들이는 것처럼 보이기도 한다.

시진핑과 같은 엘리트 지도자들이 이러한 아이디어를 홍보하고 새로운 이념적 용어들을 창조하는 데 엄청난 시간과 노력을 들인다는 사실이 더욱더 놀랍다. 2017년 10월 당대회에서 시진핑 사상을 당장에 삽입하기 위해 엄청난 정치자금을 사용했다는 것이 외부인들이 볼 때는 더 시급한 현안들이 산재한 상황에서 이상하기만 하다. 낡은 이념으로 보이는 개념이 왜 이토록 중요하게 다루어지는 것일까?

시진핑 사상이 중요한 이유는 간단히 말해 다음과 같다. 매우 복잡하고 잠재적으로 파편화되어 있는 중국에서는 이념적 합의를 이루는 것이 대단히 어렵다. 그리고 한 번 합의가 이루어지면 잘 지켜내야 한다. 정치 지도자들에게 있어 하나의 통일된 신념체계를 완성하는 것은 하루 혹은 일 년의 사업이 아니다. 수십 년이 걸리고, 많은 피와 땀, 눈물이 요구되는 일이다. 주요 당 지도자들 사이에 광범위한 합의가 이루어지고 공산당이 이를 지지한다는 것은 이들 사이에 공통의 언어가 있음을 의미한다. 그들에게 유일하게 의미가 있고, 그들이 유일하게 이해하는 언어일 수 있다. 서로 간의 의사소통이 쉽지 않았던 유럽의 여러 나라 상류층 사이에서 중세 라틴어가 공용어로 사용되었던 것처럼 이 언어는 적어도 그들 사이에서는 잘 작동한다. 지금 중국인 대부분이 마르크스-레닌주의를 믿을까? 결코 아닐 것이다. 하지만 강하고 부유한 나라에 살면서 물질적 풍족함을 누릴 수 있는 한, 이들은 정치 지도자들이 이 신념체계를 고수한다는 사실을 받아들이고 용인할 것이다.

시진핑과 같은 지도자가 진실로 마음속 깊이 마르크스-레닌주의를 신봉하는지는 알 수 없다. 덩샤오핑과 같은 전임자들은 사상의 이론적 부분을 무시하는 데 크게 개의치 않았다. 이론보다는 실제 이를 어떻게 활용하는가가 더 중요했다. 그러한 의미에서 이것은 종교의식, 즉 사람들의 이성적 그리고 감정적 측면에 호소하면서 변화와 참여, 행동을 위한 틀을 제공하는 신앙체계와 비슷하다. 시진핑과 같은 후대 지도자의 경우에는 특히 그들이 계승한 신념체계에 대한 진정한 선택권이 있었는가를 고려해야 한다. 앞서 언급했듯, 시진핑은 1970년대 초 공산당에 가입하기 위해 여러 번 시도했다. 물론 이러한 시도가 곧 이념에 대한 강렬한 믿음이 있었다는 의미는 아니고, 그보다는 지금처럼 안정적인 미래가 보장되기 어려운 시대에 공산당원에게는 이것이 가능한 일이라는 사실을 반영하는 것일 수 있다. 당에 가입하는 것이 유일한 선택이고, 그러한 의미에서 이것은 전혀 선택의 문제가 아니었다.

수십 년의 경력을 쌓은 공산당원은 결코 그들의 정치적 성향에 대해 중요한 결정을 내릴 필요가 없다. 그들은 당원이고, 당의 이념을 받아들이는 것 또한 그들 책무의 일부다. 원칙에 대한 궁극의 정당성이나 건전성에 대해 숙고해본들 보상은 없다. 중국 공산당 역사상 당의 신념에 대해 의문이 제기된 적은 거의 없었고, 1980년대 선택에 관한 몇 가지 이슈를 놓고 시장의 역할에 관한 논쟁이 격렬했을 때도 여기에 관여할 만큼 시진핑은 고위직에 있지 않았다. 물론 그 당시에도 논쟁은 당 이념에 저항하거나 반대하기보다는 수정하는 차원에서 이루어졌다. 따라서 시진핑에게 개혁이란 필요한 경우에만 엄격한 제약 조건하에서 당 이념을 수정하는 형태로 허용된다. 당의 문화와 정체성, 그리고 운영을 위해서도 당 이념은 필요하다. 시진핑이 그 이념과 가치를 믿는다고 해도 마르크스–레닌주의에 관해 공산당교나 대학에서 보는 중간시험과 같은 시험은 통과하지 못할 것이다. 크게 놀라운 일도 아니다. 영국 총리인 테레사 메이가 버크^Burke 시대의 보수적 고전철학에 관해 논문을 쓸 수 없는 것과 마찬가지다. 국가 지도자는 실무자들이다. 그들은 행동할 뿐, 생각은 다른 사람이 한다.

당의 중요성을 강조하고 사회 속에서 그 도덕적 지위와 정치적 기능을 회복하고자 하는 사람들에게 시진핑 사상은 기능적으로 매우 중요한 의미를 지닌다. 이것은 당을 하나로 모으고 같은 목표를 향해 나아가도록 하는 도구다. 8,800만 명 당원의 정체성의 중심에 놓여있는, 그들이 믿어야 할 대상이다. 당원들은 그것이 무엇이든 그들이 믿어야 할 것을 믿는다. 충실한 당원으로서 당 이념이 한 번 정해지면 그들은 그 이념에 관해 논쟁하지 않는다.

2017년 말까지 중국공산당은 적어도 공식적으로는 마오쩌둥 사상과 덩샤오핑 이론, 장쩌민의 삼개대표론과 후진타오의 과학발전관, 그리고 시진핑 사상을 따랐다. 이 모든 것을 한 사람의 머릿속에 넣어 두기에는 복잡한 체계다. 마오쩌둥 사상은 상대적으로 기술하기가 쉬운데, 중국의 국가 특성에 부합하도록 중국화한 마르크스주의다. 덩샤오핑 이론은 마르크스-레닌주의를 좀 더 실용적인 형태로 발전시킨 시장 사회주의다. 삼개대표론과 과학발전관은 덩샤오핑 시대의 이론을 좀 더 발전시킨 것이다. 민간의 기업가가 당에 가입하는 것을 처음으로 허용했고, 좀 더 균형 잡힌 인민 위주의 성장을 목표로 삼았다. 시진핑 사상은 이러한 중국 공산주의의 전통적 사상 사이 어디쯤에 위치한다. 그렇다면 과연 시진핑 사상이란 무엇일까?

그 답을 구하려면 2012년 이후 당 이념의 변화를 살펴볼 필요가 있다. 시진핑이 추구하고자 했던 것이 무엇인가에 대한 첫 번째 징후는 2013년 '차이나 드림'이라는 표현과 함께 나타났다. 차이나 드림은 중국의 부흥과 르네상스 실현이라는 국가의 역사적 사명에 대한 기존의 이념을 인민들의 일상적인 꿈으로 만들었다. 중국인에게 있어 그 개념은 단순하지만 매우 강력하다. 복지와 기회 등 선진국과 동일한 수준의 삶의 질을 누리는 것이다. 2013년 한 해 동안 해외로 여행한 수백만 명의 중국인은 미국과 호주, 유럽 지역의 사람들이 누리는 주거환경과 도시, 라이프 스타일을 직접 볼 수 있었다. 이들 여행자 중 상당수는 이미 선진국 사람들과 비슷한 수준의 부를 이루고 있었다. 자신의 부모와 조부모들이 겪었던 것처럼 단순한 약속이 아닌, 실제로 수준 높은 삶을 누리기를 원했다. 또한 좋은 성능의 자동차와 맛있는 음식, 자녀를 위한 최상의 교육을 원했다. 차이나 드림의 핵심은 공산당이 중심이 되어 중산층이 왕이고 소비자와 노동자 역시 왕인 곳, 높은 임금을 통해서, 또한 제조나 투자가 아닌 소비를 통한 성장을 통해서 잠재적 세수를 창출하는 곳, 부르주아 중국을 건설하고 있다는 사실이다. 약 5억에서 7억 5,000만 명에 이르는 것으로 추정되는 이 중산층은 시진핑의 핵심 지지층으로서, 시진핑과 정부는 그들과 소통하며 원하는 바를 들어주는 등 계속 관계를 유지해나가야 한다. 당은 그들의 꿈을 그들과 함께, 그리고 그들을 위해 꾸어야만 한다. 이 핵심 지지층을 잃을 수는 없다. 만약 잃는다면 이는 전부를 잃는 것이다.

2013년 10월 대대적인 선전을 동반한 총회가 열렸고, 차이나 드림에 대한 논의가 이루어졌다. 1978년 12월 제11차 중앙위원회에서 개최된 제3차 총회는 이후 40년에 걸쳐 이행된 개혁의 시작이었고, 2013년 총회 역시 이와 비슷한 역사적 전환기가 될 것이라는 기대감이 있었다. 더 많은 개혁이 필요했다. 국영기업은 수익성과 생산성 측면에서 여전히 열악했다. 성장률은 계속 하락해서 2010년 두 자릿수에서 7퍼센트 미만으로 떨어졌다. '중진국 함정'이라고 불리는 현상도 조금씩 보이는 듯했다. 임금과 비용의 증가로 더 이상 값싼 물건을 생산할 수도 없고, 그렇다고 해서 완전히 발전된 서비스 경제체제를 갖춘 것도 아니었다. 이를 피하기 위해서는 빈곤한 환경이라든지, 불평등한 사회, 높은 부채 등 가장 시급한 도전과제와 꿈을 이루는 데 방해가 되는 걸림돌을 해결할 수 있는 급진적인 방향전환을 통해 새로운 도약을 할 필요가 있었다. 그 목록은 끝이 없었다. 이제 시진핑이 집권하면서 새로운 개혁의 시대가 시작되었다.

중국에서는 모두 '개혁'이라는 단어를 좋아한다. 1978년 이래 줄기차게 사용되고 있는 단어다. 개혁은 완전한 선으로 간주한다. 어떤 측면에서 이것은 중국이 놓여있는 복잡한 상황, 즉 지난 40년간 중국에서는 불만이 지속하였고, 하지만 이 불만으로 인해 미래를 향해 나아갈 수 있는 상황을 의미한다. 개혁을 통해 엄청난 갈등의 시대가 촉발되었다. 그리고 당은 선전과 내러티브, 메시지를 동원해 이것을 포착해왔다.

하지만 중국에서의 개혁은 언제나 그 중심에 서로 대립의 관계에 있는 국가와 시장 사이의 긴장감을 잘 다루어야 한다는 도전과제를 동반한다. 국가는 관리하고, 시장은 자유롭다. 국가는 규정과 규칙, 제약, 의무, 한계를 의미한다. 홉스주의의 관점에서 정부는 악을 예방하기 위해 존재하는 것이지, 선을 행하기 위해 존재하는 것은 아니다. 시장은 정반대다. 원하는 사업을 꾸려나가며 원하는 것을 구매하고 원하는 것을 얻을 수 있는 자유와 에너지, 역동성, 그리고 이 모든 것이 가능한 개인의 공간을 제공한다. 논리와 상황에 의해 설정된 것 이상의 제약은 없다. 자유

시장을 지지하는 사람들에게 중요한 목표는 정부가 사라질 때까지 최대한 멀리 밀어내는 것이다.

1980년대의 좌파 지도자들은 시장화라는 아이디어에 대해 때로는 치열할 정도로 저항했다. 덩리췬(덩샤오핑과는 무관하다)이나 천윈과 같은 사람들이 시장의 개념을 받아들이기는 했지만, 이는 어디까지나 사회주의 정치 질서가 유지되는 사회 속에서 시장이 특수한 기능만을 수행하는 아주 제한된 형태였을 뿐이다. 실험주의와 자유주의가 팽배했던 1980년대 중국은 종종 고양이와 쥐가 서로 대치하는 게임장과 같은 곳이 되었다. 이곳에서 기업가들은 별다른 규제를 받지 않았다. 이 기업가들은 때로는 국가에 의해 용인되었고, 때로는 감옥에 수감되었다. 대표적인 사례로 유명한 '바보표 해바라기씨', 싸즈과즈의 창립자 녠광주가 있다. 혈기 왕성한 다혈질의 농사꾼이었던 그는 마오쩌둥 시대 내내 감옥을 들락날락했고, 덩샤오핑 시대가 되면서 비로소 자리를 잡았다. 1980년대 중반 횡령과 부패죄로 판사 앞에 선 그에게 여러 명의 애인이 있지 않았냐며 죄를 묻자, 그는 강하게 항의하며 적어도 24명은 있었다고 판사에게 소리쳤다.

하지만 중국에서 이 시장의 역할에 관한 문제는 웃고 넘어

갈 만한 사안이 아니었다. 1989년의 학생봉기는 공산당을 거의 무너뜨렸고, 이를 계기로 비국가 행위자들에게 너무 많은 자유를 허용할 경우에 당이 통제할 수 없으므로 국가를 좀 더 강력히 통제해야 한다는 강경파들이 힘을 얻게 되었다. 80대가 된 덩샤오핑은 1991년과 1992년에 걸쳐 남방을 순회하면서 시장을 통해 사람들에게 물질적 번영을 제공할 수 있도록 개혁을 지속하겠다는 새로운 공약을 내세웠다. 시장은 결국 '사회주의의 중국화'라는 틀 내에서 허용되었다. 일당체제하에서 시장화에 성공한 나라가 단 한 곳도 없다는 사실은 크게 문제되지 않았다. 하지만 보수주의자들에게 있어 1991년 소비에트연방의 붕괴는 또 다른 자극제였고, 따라서 그들은 정부가 엄격하게 정치적 통제를 하지 않는다면 중국도 똑같은 운명을 맞이할 것이라고 강력하게 주장했다. 넓은 의미에서 보면 장쩌민 시대 이후 모든 중국 지도자들은 이러한 양방향 접근방식을 취했다. 시장화와 통제 사이에서 줄타기를 했다. 시장화를 통해서는 국영기업의 개혁을 강화하고 한때 통제가 심했던 분야에서도 정부의 입김을 점점 줄여나갔지만, 여전히 정부의 통제가 필요하다고 간주하는 통신과 에너지, 금융과 같은 핵심 분야에서는 주요 국영기업의 조직적으로 펼치는 정치 활동에 대해 강력히 통제했다.

2013년 총회에서는 이렇게 과거 몇십 년간 이어진 논쟁과 관련하여 획기적인 결정이 내려졌다. 중국 역사상 처음으로 당이 직접 나서서 개혁을 위해서는 시장경제가 필요하다고 말한 것이다. 그전에는 시장이 유용하고 선호된다든가, 혹은 단지 개혁의 일부라고 언급되는 등 모두 약한 뜻으로 사용되었다. 시장경제가 필요하다고 말하는 것은 이보다 훨씬 더 강력한 진술이다. 많은 사람이 이 발표에 흥분했으나, 이 흥분은 정부 또한 비슷한 강도로 경제 분야에서 중요한 역할을 해야 한다는 말이 이어지면서 곧 사그라졌다. 1980년대 중국에서 이야기하듯 '시장'이라는 새가 날아다니는 '국가통제'라는 새장은 여전히 존재했다. 하지만 그 새장은 좀 더 커지고 덜 눈에 띄게 되었다.

2013년 총회 성명과 관련하여 또 하나 주목할 만한 점은 경제에서부터 환경, 재정에 이르기까지 총 60개의 정책이 제안되었다는 사실이다. 그리고 신新개혁 뒤에 숨겨져 있는 논리에 대해 시진핑이 개인적으로 추가한 엄청난 양의 보충 설명 내용이 포함되었다. 한발 뒤로 물러나 객관적으로 바라봤을 때 이 성명은 대단히 의욕적이고 종합적이었다.

'전면성全面性'은 중국에서 자주 사용되는 키워드로 2016년에 공식화된 당 이념 '사개전면四个全面'에도 포함되어 있다.

전면적인 소강사회 건설

2021년까지 중국을 중산층 국가로 만들겠다는 계획은 후진타오 시기에 처음 등장했다. 이 계획은 시진핑이 집권하면서 향후 두 개의 100년 중 첫 100년, 즉 상하이에서 공산당이 창당된 지 100주년이 되는 해의 목표로 설정되었다. 기념일 챙기기 좋아하는 조직에 있어 이러한 날짜들은 엄청난 상징성을 띤다. '중등 수준의 번영'이라는 문구는 당에서 자주 애용하는 표현이다. 그 의미를 더 쉽게 이해하려면 '중진국'이라는 표현이 좀 더 정확할 것이다. 1978년 300달러였던 1인당 GDP를 2021년까지 1만 3,000달러로 올리겠다는 계획이다. 이는 1인당 기준으로는 러시아와 비슷한 수준이지만, 전체적으로 볼 때 중국 경제는 그 규모가 훨씬 더 크다. 물론 중산층 소득이 문제이긴 하다. 이 정도까지 GDP가 올라가면 대개 중산층은 국가의 정책결정 과정에 참여하기를 원하게 되고, 결국 당이 가장 두려워하는 정치적 개혁이 동반될 수밖에 없다. 그리고 이는 종종 사회적 갈등과 혼란을 야기한다. 엄청나게 복잡한 중국 경제를 통제하면서 사회 전반을 관리하는 당으로서는 이러한 사회적 전환이 경제적 문제에 그치지 않고, 미지의 위협과 도전이 가득한 위험천만한 정치적 문제가 된다. 번영은 사회의 안정과 공공의 평화 및 안보를 필요로 한다. 따라서 시진핑 사상의 사개전면은 사회적 합의를 강조한다. 당의 기능이 정의와 균형이라는 사회주의적 평등 이념을 토대로 위대하고 안정적이며 번영된 국가를 건설하는 것이라는 합의다. 바로 비전인 것이다.

전면적인 개혁 심화

'개혁'은 긍정의 단어다. 하지만 하늘에서 흩날리는 눈송이에도 여러 종류의 결정체가 존재하듯 개혁에도 여러 종류가 있다. 사람들은 모두 개혁을 원하지만, 어떤 종류의 개혁이 가장 효과적일지에 대해서는 잘 모른다. 대담하고 카리스마 넘치는 시진핑의 리더십도 실상은 매우 보수적인 리더십 문화에 그 기반을 두고 있다. 따라서 대개는 지난 반세기 가장 위대하고 진정성 있는 중국 시스템의 개혁자 덩샤오핑이 구축한 시스템의 틀 안에서 일했다. 하지만 예전 덩샤오핑이 앉았던 자리에 시진핑이 오르면서 이 둘 사이의 엄청난 차이가 드러났다. 덩샤오핑이 주도했던 개혁은 국가의 본질을 전면적으로 바꾸고 폐쇄되어 있던 국가 경제를 개방하는 것이었다. 그리고 그 의제로서 외국 자본과 기업가 정신, 고등교육 및 훈련을 통한 과학 기술 개발을 비롯해 거의 모든 분야의 시장화 등을 포함했다.

시진핑 사상은 덩샤오핑의 이념에 반하는 것이 아니라, 그 기초 위에서 발전시켜나간 것이다. 예컨대, 사회 분야에서는 한 자녀 정책이 완화되었고, 이제 사람들은 두 자녀를 낳을 수 있다. 물론 어떤 사람들은 이것이 처음부터 실제 정책이 아니었다고 주장한다. 그리고 실제 사람들도 이 정책에 대해 별로 큰 관심을 두지 않는데, 그 이유는 아이를 키우는 데 엄청난 비용이 들기 때문이다. 주택등록제도 또한 점진적 개혁의 대상이었고, 특정 조건하에서 지방의 문서를 소유한 사람들이 도시에서도 적절한 지위를 갖게 되었다. 하지만 이 역시, 사람들이 과거의 지위로부터 부여된 토지권을 그대로 유지하기를 원하고, 특히 농촌과의 연결고리를 포기하고 싶어

하지 않는다는 데 문제가 있다. 또한 성과 도시 등 지방정부에는 일부 새로운 재정 권한이 부여되었다. 하지만 다른 이슈들, 조세라든가 실제 지방정부로의 권력이양과 같은 국가 개혁과 관련된 움직임이 거의 없다. 더구나 가장 중요한 분야, 즉 정치 분야에서는 개혁의 움직임이 전무하다. 많은 사람이 말하기를 이 분야는 오히려 과거보다 후퇴했다고 주장한다. 여러 측면에서 볼 때, 2017년까지 시진핑 시대의 가장 두드러진 특징은 말과 행동의 불일치다. 개혁에 관해 계속 이어지는 미사여구와 반대로 실제 개혁을 실행하려는 노력은 부족하다. 덩샤오핑의 패러다임은 전혀 공격받지 않고 그 위치를 여전히 유지하고 있다. 개혁에 관한 한 시진핑 사상은 변화에 대한 확신 혹은 재공약이지, 혁신이 아니다. 덩샤오핑을 넘어 새로운 패러다임을 형성조차 하지 못하고 있다.

전면적인 의법치국

이제 부유해진 중국은 마오쩌둥 시대 '인간에 의한 지배'에서 '법의 지배' 사회로 옮겨가고 있다. 1979년 당시 거의 무에 가까웠던 법적 체계를 구축하면서 이 분야에서 중국은 엄청난 발전을 이루었다. 2014년 총회에서는 이 주제를 중점적으로 다루기도 했다. 개혁과 마찬가지로 법치도 긍정의 단어다. 하지만 중국의 법치는 서구의 이념인 '법에 의한 통치'를 의미하지 않는다. '당에 의한 통치'가 있을 뿐, 그 외는 존재할 수 없다. 이 딜레마에 대한 시진핑의 해법은 '당에 의한 통치하에서의 법의 지배'다. 이러한 제한된 율법주의를 위한 인프라를 구축하는 것이 시진핑 시대에 이루어지고 있는 많은 노력의 초점이었다.

기존에 존재하는 법을 적용하는 방식 또한 개선되었다. 중국은 영국의 관습법이 아닌 대륙법체계를 따르기 때문에 성문법은 잘 구축되어 있지만, 실제 이를 적용하는 데 있어 과거에는 법이 거의 무시되었다. 1982년 헌법의 경우, 그 탁월한 내용에도 불구하고 법정에서 누군가를 변호하는 데는 크게 가치가 없어서 '잠자는 숲속의 공주'라는 별칭이 있을 정도였다. 재판마다, 특히 반체제 인사나 국가안보 혹은 세간의 이목을 끄는 상업적 문제와 관련된 재판에서는 정치적 간섭이 빈번했다. 신흥 중산층에게 더 나은 거래를 제공함으로써 정부가 그들의 편이라는 점을 분명히 하는 것이 시진핑에게는 무엇보다 중요하다. 재산권과 미래에 대한 확실성과 예측가능성은 그들이 경제적 문제에 맞닥뜨리고 법적 수단을 구할 때 정부가 그들 편에 서 있다는 것을 보여줄 수 있는 가장 확실한 신호다. 여전히 국가가 억압과 공포의 요새로 남아 있다고 보는 해외의 일부 시각에도 불구하고, 과거 30년간 중국인들은 자신의 새로운 권리와 힘에 대해 점점 더 확실히 인지하게 되었다. 정치 분야를 제외하고 중국인들은 전체적으로 자신의 이익을 극대화하기 위해 만반의 준비가 되어 있다. 상법을 주로 다루는 변호사들의 경우에는 그 비즈니스가 급성장하고 있다. 따라서 2014년의 개혁은 중국화를 의미하는 '중국 특색 시장'이라는 용어가 따라다닌다. 법원도 개혁을 단행하여, 하급법원이 그들이 위치한 도의 지방정부가 아닌 상급법원의 도움을 받을 수 있도록 그 재원을 명확히 했다. 판사들에게는 더 많은 훈련과 경력 개발의 기회가 약속되었다. 신新법률의 경우, 법원은 이를 토대로 판결을 내리고 공무원은 그 결정에 따를 것이라는 명확한 협의를 거친 후에야 제정될 수 있었다. 이러한 측면에서 볼 때 개혁은 어느 정도는 성공적이었다. 2016년 내몽고 지방의 한 민간 변호사와 이야기하면서 지방정부 공무원들이 난생처음 법원의 판결을 심각하게 받아들이고 집행하려고 했다는 말을 들었다. 물론 그렇다고 하더라도 중요한 사안에 대해 당이 결정한 것을 법원에서 번복할 수 있겠느냐는 민감한 질문에 대한 답은 명확하다. 뒤에서 더 자세히 논의하겠지만, 절대 그런 일은 발생하지 않을 것이다.

전면적인 종엄치당從嚴治黨

당을 통치하는 문제는 항상 까다로웠다. 당이 사회문제 그 자체의 일부라면 어떻게 사회에 대해 개혁을 요구하고 지도자의 역할을 할 수 있을 것인가? 이에 대한 적절한 지침이나 규정이 마오쩌둥 시대에는 없었다. 인민처럼 당도 희생자가 될 수 있었고, 따라서 문화대혁명에서 살아남은 후 덩샤오핑은 이에 대한 제도적인 안전장치를 마련했다. 여기에는 권력에 관한 비공식적 시간제한, 예컨대 특정 연령에 도달하면 간부들을 강제로 다른 부서로 이동시키는 간부의 연령 제한이라든가, 정기적인 총회 개최 및 엘리트 지도자 교체를 통한 지도체제의 한계 준수 등이 포함되어 있다. 물론 시진핑의 사례에서도 볼 수 있듯 후계자 승계는 언제나 어려운 문제였지만, 그래도 1978년 이후 전체적으로는 당의 자기통제가 더욱 엄격해졌다. 후진타오 시대에 민주화라는 첨예한 이슈는 '당 내부의 민주화' 논의가 격렬해지면서 일단 옆으로 미뤄졌다. 하지만 이것은 간부들의 행동양식을 변화시키지는 못했다. 공무원의 부패와 부정행위는 국가가 부유해짐에 따라 더욱 악화한 것처럼 보였다.

이제 후진타오의 이념은 시진핑 집권하에서 좀 더 옛 구식의 행동을 요구하며 크게 일소되었다. 중국화된 마르크스-레닌주의의 실현가능성에 초점을 맞춰 마오주의자들을 저지하는 데 많은 노력이 들어갔다. 1949년 공산당이 승리하기 바로 직전에 맺은 통일전선에 관한 아이디어는 이러한 대중적인 이념의 움직임을 관찰하면서도 이제 대부분의 노력이 때로는 명백하게 강압적인 방식을 통해 인민들의 의견을 하나로 모으는 데 들어간다는 것을 의미한다. 당 건설과 충성심이 무엇보다 중요하다. 환영받지 못하는 시선을 끄는 중앙기율검사위원회에 있는 사람들조차 징계를 내리기 전 당과 시진핑의 리더십을 찬양하도록 지시를 받았다. 링지화, 후진타오의 오른

팔이었고 2012년 이래 중앙위원회 상무위원이었던 그는 공산당 기관지 「구시求是」에 시진핑을 찬양하는 글을 적었음에도, 부패를 이유로 2015년 권력에서 제거되었다. 지금 설명하고 있는 사개전면과 같이 당에서 공들여 만들고 홍보하는 새로운 정치적 이념과, 호황기에 접어든 공산당교에서의 교육을 통해 당을 건설하는 것이 새로운 핵심 의무 중 하나가 되었다. 시진핑은 2016년 중국중앙텔레비전에 나와 '책임감' 있게 행동해야 한다고 강조하는 등 군부와 대학, 언론을 통해 당 교리의 중요성을 홍보했다. 시진핑 집권하에서 당은 내부 분열의 모습을 벗고 좀 더 일원화되었다. 반부패 투쟁 기간 많은 권력자가 제거됐음에도 불구하고 이를 반대하는 목소리는 거의 나오지 않았다. 예외적으로 2016년 당 내부의 누군가가 쓴 것으로 추정되는 서한이 등장했는데, 시진핑이 개인 우상화를 통해 권력을 독점한다고 불평하고 있었다. 하지만 이러한 비판이 등장한다는 것은 그리 이상하지 않다. 그보다 더 이상한 것은 비판 자체가 부재하다는 데 있다. 덩샤오핑은 개혁 초기 덩리췬과 같은 아주 강력한 반대파 인물들과 상대해야만 했다. 장쩌민은 능력 있고, 존경받는 만큼이나 매력적이었던 주룽지를 자신의 편에 두고 있었다. 후진타오는 표면상으로는 은퇴했음에도 불구하고 항상 적극적으로 정치에 관여했던 장쩌민과 그의 추종자들 곁에서 일할 수밖에 없었다. 반면, 시진핑은 자신이 모든 것을 관장했다. 여전히 당은 커다란 도전에 직면해 있고 지난 몇 년에 걸쳐 그 힘을 제도화하려고 노력해왔다는 측면에서 볼 때 궁금하지 않을 수 없다. 어떻게 지도자가 외부세계에 의해, 그리고 일부 내국인들에게도 자신의 이념을 가장 철저하게 공식적인 사상으로 조성하는 와중에 독재적이며 고압적이라고 보일 수 있는가? 결국 사개전면은 단순한 수사적 표현인가, 아니면 무대 뒤에서 벌어지고 있는 다른 일들을 감추기 위한 연막인가?

중국과 인민을 위해 '전면'적인 계획을 세우고 있다고 당은 스스로 밝히고 있다. 하지만 국가가 사회와 경제를 철저하게 통제하는 시대는 중국에서도 이제 막을 내렸다. 특히, 중국은 해안 지역과 중서부 지역 사이에 엄청난 불균형이 존재하는 복잡한 나라다. 이러한 지역 간 불균형이 존재하는 한, 그 무엇이 이 모든 현상을 아울러 설명할 수 있겠는가? 시진핑 시대 가장 풀기 어려운 수수께끼 중 하나가 바로 이것이다. 과거 중국 사회는 지금처럼 다양하지 못했다. 그리고 이처럼 복잡하지도 않았다. 중국은 세계와 연결되어 있으면서도 동시에 분리된 사회다. 중국 사회를 구성하는 여러 다양한 요소들은 종종 반대되는 성격을 띤다. 이러한 요소들 사이에서 과거에는 그것이 '중국'이라고 불리는 특정 지역에서 발생했다는 점을 제외하고도 또 다른 공통점을 찾아내는 데 이처럼 어렵지 않았다. 몇 년 전 한 정치평론가가 지친 나머지 이렇게 불평한 적이 있다. "중국은 나라가 아니다. 우주다." 중국은 다른 규칙, 다른 규정을 따른다. 적어도 스스로는 그렇게 생각하고 싶어 한다.

시진핑의 전략은 당 바깥의 영역에 당이 이제는 통제할 수 없는 공간이 존재한다는 사실을 인정하는 것이다. 이러한 공간의 존재를 당 정책으로 허용했고 앞으로도 계속 허용할 것이다. 중국의 성장은 민간 부문에 크게 의존하기 때문에 당 역시 생존하려면 여기에 기생할 수밖에 없다는 사실이 아이러니하다. 고용을 증진하고 혁신과 성장을 위해서 당은 이 민간 부문이 필요하다. 당은 또한 노약자와 병자, 빈민, 비투표권자를 돌보기 위해 비국가 행위자에게 의존하고 있다. 필요에 따라 시민사회를 위한 약간의 공간도 만들었다. 과거에 그랬듯 이제는 국가가 개인 삶의 모든 영역에 관여할 수가 없다. 우선 그만한 자원이 없다. 1978년 이래로 계속해서 당은 자신의 역할을 사회의 다른 부분으로 이양하고 있다. 시진핑이 집권하기 전에는 당은 사회 내 여러 조직과 경쟁하는 존재처럼 보였다. 삶을 즐기며 마치 당이 존재하지 않는 듯 자신만의 세계를 구축해가는 사람들의 시선을 끌기 위해 당도 부단히 노력해야만 했다.

시진핑은 당을 재건하는 데 초점을 맞추면서, 사회에서 당의 명확한 역할과 경계가 서 있어야 한다고 강조했다. 그러면서 당이 사회 전반에 걸쳐 의미 있는 웅대한 계획을 가지고 있고 더나아가 모든 중국인에게 영향을 미치는 비전을 가지고 있다는 시각에 다시 활력을 불어넣었다. 이 비전의 핵심은 서론에서 소개한, 제19차 당대회 연설에서 시진핑이 언급한 위대한 사명이다. 더 강력하고 부유한 나라를 만드는 것이 바로 그것이다. '중국공산당이 없으면, 새로운 중국도 없다'는 과거 슬로건에도 나타나듯, 당은 한때 국가의 구세주였다. 하지만 이제 중국은 민족주의와 국가에 대한 사랑, 강한 정체성, 그들의 국가가 현대화를 위한 전쟁에서 마침내 승리하고 있고 세계의 중심이라는 정당한 위치를 되찾을 것이라는, 중국인 대부분이 느끼는 감정에 의해 움직인다. 당이 이러한 것들을 이야기한다면 포퓰리즘을 활용해 대중의 지지를 얻을 수 있을 것이다. 과거의 모든 죄는 잊혔다. 당이 제공하는 안정과 단합, 그리고 전략적 목표 없이 국가의 부활은 절대 일어나지 않을 것이라고 이야기하는 시진핑과 그 측근들의 주장과 더불어, 이제 당은 국가주의적 차원에서 보면 기생하는 존재일 뿐이다. 이것이 당이 추구하는 새로운 '정당한 거래'며, 그 정당성은 민족주의에 기반을 둔다. 단순히 부의 창출에 호소하는 시대는 끝나고 있으며, 2020년 이후에는 정치적으로 GDP 성장목표가 필요하지도 않을 것이다. 당 지휘하에서 다시는 외부 공격이나 내부 싸움의 희생자가 되지 않도록 지속 가능하고 세계적으로 인정받는 강대국이 되기 위해 중국이 사용할 수 있는 물질적 부를 창출해야 한다는 이 시대의 목표는 이제 달성되었다. 이러한 측면에서 볼 때, 당이 소유하고, 감독하고, 그 모양을 형성해가는 전면적인 계획을 수립하는 것은 이치에 맞다. 이것은 분명한 결과가 예상되는 계획이며, 모든 사람이 이 계획에 의해 움직인다.

따라서 시진핑 집권하에서 당은 개혁과 개방에 관한 복잡한 메시지를 더 많이 만들어냈다. 이것은 24자로 표현된 '사회주의 핵심 가치'에 잘 녹아있으며, 신문과 당 발간물, 도로광고판, 심지어 광고를 통해 선전하고 있다. 이러한 가치는 부강과 민주, 문명, 조화, 자유 및 애국 등을 포함한다. 메시지는 물질적 변화뿐 아니라 도덕적, 문화적, 심리적 변화를 겪고 있는 사회의 근본적 문제에 관한 것들이다. 시진핑의 중국에서는 역사상 최초로 농촌 지역보다 도시에 더 많은 사람이 살고 있다. 중국인 대부분이 75세보다 더 오래 살며, 이전 세대가 꿈꾸었듯 전 세계를 여행하고 해외에서 교육을 받고 일하며 살아갈 것이다. 하지만 노인이 젊은이보다 많고, 한 자녀 정책하에서 태어났기에 대부분의 사람이 형제자매가 없는 사회다. 이러한 중국은 이전의 중국과는 거의 모든 면에서 다르다. 경업敬業(맡은 일에 책임을 다하는 것, 사회주의 직업정신-옮긴이)이나 성실, 호의 등 구체적인 메시지를 퍼뜨리는 데 초점을 맞추는 것은 당의 강점을 내세우는 것이 아니라, 당이 이것을 할 수 있는 유일한 기관이라는 점을 인정하는 것이다. 즉, 서구 사회에서 국가 전체에 영향을 미칠 수 있는 유일한 기관, 종교와 같은 역할을 하는 것이다. 시진핑 집권하에서 당은 성장과 생산성의 목표뿐만 아니라 매일 일상이 변화하는 국가에서 사람들이 서로 어떻게 대해야 하는지, 어떻게 공존하며 협력해나가야 하는지에 관해 이야기했다. 그리고 당은 물질적 성장뿐 아니라, 도덕적 발전과 사회의 지속가능성을 지원하는 조직이 되었다. '사회주의 핵심 가치'는 이를 달성하기 위한 수단이었다.

이 모든 것은 당이 자체적으로 '문화혁명'의 과정을 거치도록 요구했다. 과거에는 말로만 그쳤던 가치에 대해 당이 실제로 믿는 것처럼 보여야 했다. 중국을 역사상 최고의 국가로 만들겠다는 중대한 프로젝트를 수행하면서 개인의 부 창출이나 기존의 권력을 보호하는 데 신경 쓸 겨를이 없었다. 그보다는 사회 전체를 위한 부 창출, 그리고 당의 목표를 성취하는 데 그 권력을 사용해야 했다. 목표는 간단하다. 중국의 부흥과 르네상스 실현이다. 그리고 당 간부의 역할은 그들이 마주하고 있는 즉각적인 유혹으로부터 이 위대한 목표로 자신들의 눈을 돌리는 것이다. 메시지에 충성하고 잘 통솔되어야 하며, 당의 단합을 위해 복종하고 헌신해야 한다. 2013년 시작된 반부패 투쟁은 이를 달성하기 위한 전략이었다. 위대한 고대 군사전략가 손무가 『손자병법』에서 이야기했듯 전략 없이 전술은 의미가 없으며, 전술 없이 전략은 성공할 수 없다. 당 지도부를 개혁하고 간부들이 이 위대한 임무를 수행하기에 적합한지 확인하는 것은 매우 중요하다. 국가의 부흥이라는 큰 과업에 대한 그들의 완전한 복종 없이는 전체 프로젝트가 위험에 빠질 수 있다. 아니, 아예 성공하지 못할 수 있다.

반부패 투쟁은 2015년 시진핑이 미국을 방문했을 때 언급한 TV 시리즈「하우스 오브 카드」에서 그리는 것과 비슷한 권력 투쟁으로 묘사되어 왔다. 하지만 시진핑은 그러한 비교가 적절하지 않다고 주장했다. 반부패 투쟁은 개인의 권력을 위한 것이 아니고 당이 정치적 비효율성이라는 문제를 해결하는 데 필요한 것이었다. 모든 것이 풍요로웠던 후진타오 시대에 당의 힘은 마치 마이다스의 손과 같아서 손대는 모든 것에서 이익을 창출했고 일을 진행하는 데 여유가 있었다. 당 간부들은 정치와 경제 사이의 명확한 경계선 없는 어둠의 영역을 차지하고서 그들의 네트워크를 통해 부를 창출할 수 있었다. 후원자들과의 관계, 가족관계, 심지어는 친구의 친구 같은 엉성한 관계조차 시장경제에서 달러 가치를 만들어낼 수 있었다. 수백만 달러 규모의 인프라 혹은 건설 프로젝트에 대한 의사결정권을 가진 지방공무원들과 관계를 맺는 것 또한 가치가 있었다. 베이징이나 중앙위원회 정치국 내 권력과 줄이 닿아 있다면, 이것은 마치 금광과도 같아서 수십억 달러의 수익을 낼 수 있었다. 최고지도자의 가까운 친지들과 친척들은 그들이 원한다면 자신들의 줄을 이용해 막대한 부를 창출할 수 있었다. 물론 이들 대부분이 그러길 원했다. 후진타오 집권 당시 주요 쟁점은 최고지도자와 가까운 사람이 그 관계를 악용해 부를 창출했는지 여부가 아니라, 이러한 기회를 활용하지 않는 이유가 무엇인지에 있었다. 부패한 이들이 아니라 오히려 청렴한 이들이 진짜 의심 가는 사람들이었다.

이러한 결탁은 시진핑이 부패 청산에 나섰을 때 거의 한계가 없는 목표물에 직면했음을 의미했다. 사람들 대부분이 잠재적으로 취약했다. 이는 곧 모든 사람을 시진핑의 경쟁자이거나 적이라고 간주할 수 있고, 따라서 이들을 모두 제거할 수 있다는 의미다. 시진핑이 자신의 정치적 프로그램을 구축하는 이러한 방식은 어떤 면에서는 현대 중국 사회에서 그와 대립하는 것이 거의 불가능함을 의미한다. 시진핑은 중국을 강력하게 만드는 위대한 국가적 서사의 주인이다. 과연 누가 이에 반대하겠는가? 여기서 이슈는 그 목표를 달성할 수 있는 최선의 방법이 과연 무엇인가 하는 것뿐이다. 만약 경쟁자가 나서서 당이 그 주요 기능을 잘 수행하고 있는지에 대해 의문을 제기한다면, 그는 불안정한 입장에 놓이게 될 것이다. 만약 그렇지 않다면, 당의 목적이 과연 무엇이겠는가? 그러므로 불법행위에 대한 투쟁의 근거는 시진핑 혼자 만든 것이 아니다. 현재 중국에서는 국영기업의 이익이 줄어들고 성장률이 떨어지고 있는데, 이에 대한 책임은 당에 있으며, 당이 가진 큰 자산은 이러한 국영기업에 대한 경제적 통제가 가능하다는 것이다. 이러한 당의 입장에서는 최고지도자들을 둘러싼 기생충 같은 인간들이 장부에 기장되지 않는 막대한 재산을 챙겨 도망가는 것을 더는 허용할 수 없다는 단순한 논리에 근거했다. 그것은 당과 국가, 그리고 국가의 부흥이라는 위대한 목표로부터 돈을 훔치는 것과 같은 행위다. 이러한 행위를 탐닉하는 사람들은 단지 범죄자가 아니다. 그들은 반역자다.

반부패 투쟁은 상징주의와 대중인식을 관리하는 수단으로 발전했고, 이는 마치 간부들의 불법행위에 대하여 장기적으로 뭔가 노력하고 있음을 보여주는 효과를 낳았다. 저우융캉과 같은 고위직 간부들이 표적이 되어 결국 낙마했는데, 전 상임위원회 위원이 조사를 받고 민사법원에서 처벌당한 것은 1949년 이후 처음이었다. 곧이어 이 장 앞에서 언급된 바 있는 정치국의 멤버였던 링지화 역시 처벌되었다. 낙마한 '호랑이와 파리'의 개념은 중요했고, 그 누구도 피해 갈 수 없었다. 하지만 부정부패의 죄를 범한 모든 사람을 처벌했다면 아마도 시스템 자체가 붕괴되었을 것이다. 대신, 특정 인물에 대한 기습 단속이 사람들을 구속하고 신중하게 행동하도록 했고 관리들은 스스로 몸가짐을 단속했다. 실제로는 강탈을 일삼으면서 말로만 규칙을 따른다고 떠들어대던 과거 행동에서 벗어나, 사치를 멀리했다. 그리고 이것은 곧 새로운 형태의 금욕주의로 발전했다. 여행 및 엔터테인먼트에 대한 제한이 너무 잘 이루어져 고급 호텔의 수익이 급감했고, 고가의 브랜드 수입이 줄어들었다. 이 모든 현상을 국민은 환영했고, 큰 권력을 쥐고 제멋대로 행동하던 공무원들이 품위 있게 행동하게 된 것을 기뻐했다.

2017년 중앙기율검사위원회를 이끌었던 무시무시한 왕치산이 은퇴했다. 2013년부터 2017년까지 이어진 반부패 투쟁 과정에 관한 결과는 엇갈렸다. 혼란의 시기가 지난 후 당은 사회의 정치적 방향을 책임지고 있었고, 적어도 표면상으로는 공통된 정신과 시각을 공유하면서 보다 엄격하게 규율되고 있는 엘리트 간부들과 함께 좀 더 전통적인 레닌주의 모델로 되돌아갔다. 과거와 달리 그들은 돈벌이와 거리를 유지했다. 훨씬 강한 도덕적 입장을 견지했던 마오쩌둥 시대 초반에 그랬던 것처럼, 그들은 이제 굉장히 거칠고 자기희생적인 삶을 사는 것처럼 보인다. 당원들은 인민들에게 봉사한다. 1960년대 초 차량 전복 사고로 숨지기 전까지 자신의 짧은 인생을 다른 이들을 위해 살았던 모범 군인이자 당원이었던 레이펑이라는 인물이 그 전형적인 예다. 하지만 이는 사회적 맥락에서 볼 때 과거의 현상과는 전혀 다르다. 역동적인 경제 변화와 개인주의, 소셜미디어를 통한 개인 네트워크의 창설, 그리고 비정치적 활동은 모두 당 지도부의 영역 밖에 있는 사람들의 삶을 상징한다. 이 사람들은 중국을 위해 부를 창출하고 돈을 벌 수 있는 일을 하도록 장려된다. 백만장자 혹은 억만장자도 될 수 있으며, 합법적으로 구입할 수 있는 만큼의 많은 자동차와 사치품을 소유할 수 있다. 좀 더 명확해지는 새로 규정된 법의 테두리 내에서 사업을 수행하는 한, 그들은 차이나 드림을 살고 있는 것이다. 그리고 차이나 드림을 위해 사는 것은 곧 차이나 드림을 위해 기여하고 있다는 뜻이다.

현재 유일한 문제라면 과거 한때 자신들에게 뇌물을 바쳤던 이 부유한 중국인들을 부러운 눈으로 바라보는 관료들이 마음속 깊이 분노를 쌓아놓고 있다는 것이다. 현대의 중국 사회에서 당 간부로 살아간다는 것은 성적 자유가 점점 커지는 사회에서 결혼하지 않은 채 평생을 살아가는 성직자의 삶을 사는 것과도 같다. 육체의 쾌락이 널려 있는 곳에서 얼마나 많은 사람이 그 욕구를 포기할 수 있을까? 서로 다른 당 간부와 일반인들의 라이프 스타일을 얼마나 오랫동안 지속해나갈 수 있는지 의문이다. 하지만 지금의 중국에서는 적어도 당 간부 엘리트들의 희생을 토대로 국가가 위대한 부흥을 이루고자 앞을 향해 전진한다는 인식이 남아있다. 모든 것을 성취한 뒤, 시진핑 리더십은 이 보병들을 이끌고 갈 새로운 유인책을 생각해내야 할 것이다.

제4장
시진핑과 세계 속의 중국

비록 그 개념이 중국의 특색에 맞게 변형되었다 하더라도, 시진
핑 집권하에서 중국의 위대한 비전 실현을 위해 전면적 접근방
식을 취하며 일사불란하게 움직이는 중국공산당은 이미 세계화
된 조직이다. 시진핑은 최고지도자의 자리에 오른 직후 정치국
회의를 소집하여 동지들에게 외부세계에 그 의미가 더 잘 전달
될 수 있도록 중국의 국가 이미지를 만들어달라고 요청했다. 중
국 지도층은 바깥세상이 중국의 의도를 잘 이해하지 못하고 특
히, 중국에 대해 지나치게 부정적으로 인식하고 있다고 생각했
다. 시진핑 역시 후진타오가 집권하는 내내 세계 2대 경제대국

인 중국이 무엇을 원하는지 정확히 표현하지 못하고 중국의 의도에 대해 외부세계가 제기하는 의혹에도 전혀 대응하지 못한 채 침묵해왔다고 당을 비난하는 목소리가 점점 거세지고 있음을 잘 알고 있었다. 미국에서는 '중국은 곧 위협'이라는 인식이 퍼져나가고 있었고, 정치적 의도가 불확실하다는 이유로 중국에 대한 투자 또한 문제시되고 있었다. 500개 이상의 외국 대학에 공자아카데미를 설립하면서 중국의 숨겨진 의도가 있는 것이 아니냐는 의심의 눈길이 심해졌다. 공자아카데미를 설립한 것은 해외 중국인 공동체와 다른 세력들을 이어주는 임무를 맡은 당 통일전선부가 중국에 대한 온화하고도 긍정적인 시각을 널리 퍼트리는 한편, 하나 되어 모든 이의 이익을 위해 애쓰는 중국공산당의 이미지를 홍보하기 위한 목적이라는 비난이 쏟아졌다.

시진핑은 스스로 수석 외교관이 되어 세계를 향해 중국의 이야기를 전하는 이 과정에 직접 참여하고 있다. 또한 그는 국제관계를 개선하기 위해 부단히 노력한다. 후진타오가 집권하는 동안 외무장관은 당내에서 가장 힘이 없는 자리였다. 심지어 영국의 한 저명한 정치가는 2011년경 나에게 이러한 말을 한 적이 있다. "헨리 키신저는 베이징을 방문했을 때 외무장관을 자신의 자동차 문을 열어주는 사람이라고 여기고는 그를 지나쳐 실제 중요한 사람을 만나러 들어가 버렸다." 시진핑이 집권하면서 현재는 왕이가 그 자리를 맡았는데, 중앙위원회 위원 350명 중에는 속하지만 상임위원회는커녕 정치국 위원도 아니다. 외교 담당 국무위원인 양제츠는 외교 문제를 다루는 가장 직위가 높은 정치인이지만, 2017년에 이르러서야 겨우 정치국 위원이 될 수 있었다.

하지만 양제츠가 최고위원 24명 중 한 자리를 차지하면서 이제는 상황이 변했다. 프랑스어를 전공하고 주로 주권 개념을 연구하는 국제관계학자로서 상하이에서 활동했던 왕후닝 역시 상임위원회 위원이 되었다. 당서기를 지낸 적도 없고 행정부처를 맡아본 적도 없는, 행정공무원으로서는 경험이 전무한 왕후닝의 가장 큰 재능은 장쩌민 이후 3대에 걸쳐 중국 정치 지도자들의 생각을 간결하고 함축적인 구호로 바꾸고 여기에 이론적 근거와 정당성을 부여하는 데 있었다. 병색이 완연하고 내성적인 왕후닝은 1994년 중앙지도부에 합류한 이후 공개적으로는 한 번도 논문을 발표하지 않았지만, '신권위주의'에 대한 이념을 정립했다고 알려졌다. 정치적으로 성공한 최초의 국제관계전문가였고, 시진핑 옆에 자리한 그의 위치는 중국 스스로 세계 속의 중국을 표방하는 것이 얼마나 중요한 일인가를 잘 이해하고 있음을 증명한다.

2017년 중국은 그 어느 때보다 외부세계와 밀접하게 연결되어 있다. 시진핑을 가리켜 중국 국내에서나 통할 이야기꾼이라고 폄하하기도 하지만, 그 어떤 지도자도 시진핑만큼 다양한 나라를 방문한 적이 없다. 국내의 거의 모든 분야를 책임지고 있으면서도 해외 순방을 위해 이처럼 많은 시간을 낼 수 있다는 것이 참으로 놀라울 정도다. 그리고 이는 드물게 있는 일도 아니었다. 2013년 이후 5년간 시진핑은 전 대륙 50개국 이상을 방문했다. 여기에는 러시아, 인도네시아와 같은 기존의 우방국은 물론이고 피지, 사우디아라비아, 칠레와 같은 전혀 예상치 못한 국가도 포함되어 있다. 시진핑은 영국과 독일, 체코와 뉴질랜드도 방문했다. 여러 번 미국을 방문했고, 아프리카도 두 번이나 방문했다. 공산당의 고위 관리가 이렇게 많은 시간을 투자해 세계 곳곳을 방문했다는 사실은 중국에 있어 그 어느 때보다 외부세계가 중요하며, 여기에 중국의 미래 발전이 달려있다는 사실을 명백히 보여준다. 지금처럼 계속해서 지식재산권을 보호하고 시장을 개방하는 등 외부 경쟁을 통해 국내 기업의 효율을 개선하는 한편, 중국과 관련된 주요 이슈에 대해서는 전 국민이 결속해나가야 한다. 하지만 중국은 여기서 한 걸음 더 나아가 이제는 국제사회에서 자국의 지위를 인정받고자 한다.

시진핑 사상이 보여주듯 중국은 이제 강대국이 되기를 희망한다. 이러한 중국의 바람은 2017년 당대회에서 시진핑 사상과 더불어 '일대일로' 구상을 당장에 삽입하면서 더욱 분명해졌다. 공식적으로 60개국 이상을 대상으로 하는(비공식적으로는 더 많은 국가를 대상으로 한다) 이 거대한 구상은 최근 들어 중국이 자국의 국제적 비전에 관해 표방한 첫 번째 사례다. 지난 10년간 미국을 비롯한 여러 국가가 국제사회에서 점점 증대되는 중국의 역할에 대해 스스로 속내를 좀 더 분명히 밝힐 필요가 있다며 중국을 비판해왔고, 그 답으로서 중국은 과거 수 세기 동안 중동과 유럽, 중국 왕조를 연결해왔던 무역 길, 실크로드 개념을 제시했다. 그 모습과 정도에 대해서는 여전히 논쟁이 많지만, 어쨌든 이 구상은 안보나 정치적 동맹과 같은 민감한 사안에 대해서는 논쟁을 피하면서 외부세계를 향한 중국의 국가적 서사를 창조해가는 가장 쉬운 방법을 제공한다. 즉, 중국 시장에 대한 접근을 허용하고 외부세계와 상업적 관계를 공고히 함으로써 중국에도 이익이 될 수 있다는 것이다.

일대일로 구상을 통해 시진핑이 이끄는 중국에 관한 수수께끼 일부를 풀 수 있다. 중국은 장쩌민이 집권하던 1990년대 외부세계와의 연결이 쉬워 제조업에 유리한 연안 지역은 재빠르게 성장했지만, 내륙의 중서부 지역은 뒤처진다는 사실을 깨달았다. 특히, 티베트와 신장, 간쑤, 쓰촨성, 윈난성과 같은 지역은 빈약한 인프라와 공공서비스, 낮은 수준의 교육 및 여러 가지 환경적, 사회적, 기타 문제들로 인해 어려움을 겪었다. 2012년에 이르러 1인당 GDP가 1만 달러를 넘어선 상하이와는 달리, 북서부의 간쑤는 겨우 3,000달러에 불과했다. 부정부패가 심하고 행정력이 떨어지는 지역에서 벗어나 좀 더 번화한 지역, 더 나아가 해외로 고학력의 인구가 이주해가는 고질적 현상과 더불어, 신장과 티베트에서 벌어지는 독립운동(가끔 테러로 발전하기도 한다) 또한 상황을 악화시켰다. 2013년에는 신성시되던 톈안먼 광장으로 자동차가 돌진해 폭발하는가 하면 2014년에는 쿤밍역에서 민간인을 상대로 이슬람 극단주의자가 흉기 공격을 자행하면서, 시진핑 정부는 이 문제를 직접 경험했다.

중국 국제정치학자 왕지스는 2012년, 서부 지역의 장점, 즉 인도와 파키스탄, 러시아와 국경을 접하면서 중앙아시아와 그 너머 지역에 쉽게 접근할 수 있다는 장점을 활용하면 중앙정부의 대규모 투자 없이도 서부 지역을 발전시킬 수 있을 것이라고 제안한 적이 있다. 이는 새로운 잠재적 성장 원천을 확보할 뿐만 아니라, 남쪽의 좁은 말라카 해협 길을 따라 존재하는, 따라서 미국의 통제가 상대적으로 쉬운 기존의 자원 공급 경로를 다변화한다는 데 의미가 있다. 적절한 인프라가 구축되고 투자가 이루어지면 중국은 미국의 간섭에서 벗어나 석유를 비롯한 다른 여러 자원에 접근할 수 있다.

물론 이 대담한 구상을 현실화하려면 해결해야 할 문제가 많다. 아직 국경 분쟁이 해결되지 않은 인도처럼 여전히 중국과 긴장관계를 유지하고 있는 국가들과의 협상이 필요하기 때문이다. 중앙아시아를 자신의 뒷마당이라고 여기는 러시아를 다독거려 불안에 떨지 않도록 할 필요도 있다. 또한 중국은 최근까지 거의 왕래가 없었던 이들 지역을 다루기 위한 최상의 방법이 무엇인지 고민할 필요가 있다. 하지만 향후 발생할지도 모르는 문제 때문에 아예 시도조차 하지 않는 것보다, 적어도 이 분야에서

만큼은 시진핑이 집권하는 동안 계획을 실행에 옮기고 그에 따라 예상되는 리스크를 관리하는 것이 필요하다.

중국의 일대일로 구상은 또한 차이나 드림이라는 개념을 외부세계에 널리 퍼뜨리기 위한 일종의 외교적 서사를 시진핑 리더십에 입힌다. 이 위대한 구상과 관련된 세계 각지의 모든 이들이 무언가를 서로 나눠 가지며 '윈-윈'할 수 있다는 메시지다. 중국은 자국이 내세우는 큰 비전이 비권위적이고 합의에 기반을 두고 있으며, 제1 강대국이 지배하는 기존의 역사에서 벗어나 다극화된 세계를 목표로 한다고 주장해왔다. 이 내용을 주제로 2017년 중반 베이징에서 열린 대규모 콘퍼런스에 27개 지방정부의 책임자들이 참석했다. 신新일대일로펀드와 중국국가개발은행에서 운용할 엄청난 액수의 돈이 언급되었다. 무엇보다 중요한 것은 56개국의 창설 멤버가 모여 2015년 아시아인프라투자은행을 설립한 것이다.

일대일로와 같은 구상은 시진핑의 통치전략과 국내 정치환경이 중국의 외교관계에 어떤 영향을 미치는지를 잘 보여준다. 시진핑은 정치국 회의에서 '중국의 이야기를 잘' 전함으로써 국제사회가 중국의 이야기를 더 잘 듣고 이해할 수 있도록 노력해야 한다고 말했고, 외교관들을 상대로 한 연설에서도 중국은 이제 국제사회에서 좀 더 적극적인 태도를 취할 필요가 있다고 강조했다. 세계에서 두 번째로 큰 경제대국으로서 중국은 더는 수동적인 자세를 유지할 수 없으며 '고개를 숙이고 시간 옆에 숨으라'는 수십 년 전의 덩샤오핑의 지휘에 충실할 수 없다. 중국은 이제 국제사회에서 진정한 영향력을 보유한 주요 권력자로서의 행동을 시작해야만 한다.

물론 시진핑 집권하에서 중국이 이러한 새로운 자세를 취하고 유지해나가는 데는 많은 예외 상황이 존재한다. 중국 정체성에 중점을 두고 있음에도 불구하고, 적어도 마오쩌둥 사상에는 보편주의적 요소가 있었다. 마오주의는 아프리카와 라틴 아메리카의 여러 개발도상국에 수출되어 이들이 자본주의와 맞서 싸우는 데 일조했다. 1970년대 초에는 베트남에서 베트남 공산주의자들과 미국, 그리고 당시 제3세계라고 불리던 국가 간의 투쟁을 지원했다. 1974년 가택 연금에서 석방된 덩샤오핑은 유엔을 방문하여 중국이 제3세계를 이끄는 리더의 역할을 해야 한다고 선언했다. 중국에서 처음 등장한 용어로 '중국식' 제3세계를 의미한다. 마오주의 운동은 마오쩌둥의 독특한 사상을 담은 악명 높은 '작은 빨간 책', 보다 일반적으로는 『마오쩌둥 선집』이라 불리는 책을 통해 아시아 지역으로 퍼져나갔다.

하지만 지금은 이처럼 국가의 체제 변화를 두고 동서가 대립하는 시대가 아니다. 베이징은 국제사회가 아무런 저항 없이 '신시대 중국 특색 사회주의의 현대화'라는 개념을 받아들일 것이라는 환상을 가지고 있지 않다. 그 주된 이유는 문구 자체에 있는데, 어떻게 세계가 특정 국가와 묶여있는 '중국화'라는 개념과 그 특성을 받아들일 수 있겠는가? 그보다 시진핑의 접근방식은 다양성과 관용, 그리고 중국에 대한 합법적 지위 부여가 필요하다는 데 주안점을 둔다. 이는 특히 중국의 동남부 해안과 국경을 접하고 있어 영토 분쟁의 소지가 있는 그 주변국들을 중국이 전략적으로 선점하고 있어야 한다는 의미기도 하다. 일대일로 구상과 아시아인프라투자은행, 상하이협력기구 그리고 브라질, 러시아, 인도, 중국, 남아프리카공화국 등 신흥 경제 5국, 즉 브릭스와 같은 중국을 중심에 두는 구상들이 다양한 가능성을 제시하고 있다. 그리고 이들 구상에는 하나의 공통점이 있다. 바로 미국을 포함하지 않는 구상이라는 점이다. 수십 년간 미국은 중국을 에워싸며 중국이 가는 곳마다 존재했다. 후진타오가 집권하는 내내 미군은 한국과 일본, 아프가니스탄에 주둔했고, 이에 대한 중국의 불만이 극에 달했다. 또한 미국은 베트남과 화해하고 미얀마의 정치 변화에도 깊이 관여했다. 중국이 원하는 곳마다 와서 그 옆자리를 차지하고 앉아있는 양상이었다. 중국이 눈길을 주는 모든 곳에서 미국의 존재를 제거해야만 했다. 중국의 핵심 목표를 명확히 규정하고, 이제는 중국을 상징하는 하나의 특징으로 자리 잡은 중국의 정치체제를 강조하고, 남해의 섬들과 타이완에 대한 중국의 관심이 지극히 합법적임을 강력히 선언함으로써 그 목표를 달성할 수 있었다. 또한 중국은 군사적 측면에서도 자국의 요구를 당당히 주장할 수 있는 새로운 힘을 갖추게 되었는데, 이는 곧 해군력 덕분이었다. 비록 기술적으로는 수십년 뒤처져 있다고 해도 중국의 해군력은 적어도 선박에 관한 한 미국과 대등한 수준에 있었다.

외부세계를 겨냥하지 않는 시진핑 사상임에도 불구하고, 세 가지 측면에서 시진핑의 중국은 마오쩌둥 시대와는 전혀 다른 새로운 세계를 마주한다. 첫째, 식민지배와 제2차 세계대전을 겪으면서 일본 제국주의의 공격을 받는 등 중국은 현대사에서 종종 희생자였고 언제나 약자였다는 사실이다. 마오쩌둥 시대 중국은 '아시아의 병자'가 되어 외부세계와 단절되고 고립되었다. 하지만 시진핑 시대에 들어서면서 중국은 힘과 추진력을 갖게 되었다. 중국과 주변국 모두에 새로운 도전과제를 제시하는, 전혀 새로운 상황인 것이다. 예컨대, 중국은 더 이상 희생자로 묘사되지 않는다. 과거에는 절대 얻지 못했을 세계 지도자가 될 기회를 넘겨준 트럼프 행정부 덕분에 오히려 이제는 자유무역협정이나 환경 문제에 있어 운전석에 앉아있는 경우가 많다. 국제사회 역시 지금까지는 약체 중국을 다루는 경험이 풍부했다. 하지만 이제 이러한 중국은 존재하지 않는다. 과거와 달리, 지금의 중국은 국제사회에 영향을 줄 수 있는 능력이 충분하다. 그리고 이러한 새로운 질서에 적응하기 위해서는 엄청난 변화가 필요하다. 많은 나라가 '중국의 위협'이라는 사고방식에 얽매여 있는 동안 새로운 강자로 부상한 중국은 자국의 힘을 행사할 기회를 엿보고 있다. 아직까지 그럴 기미는 보이지 않지만, 중국이 미국의 노선을 좇아 새로운 '세계 경찰'이 될 수 있는 가능성은 충분하다.

두 번째는 지금까지 중국은 해군력을 키우는 데 별 관심이 없었다는 사실이다. 6세기 전, 명나라 환관이었던 정허 제독하에서 아주 잠시 해상강국이었던 때를 제외하고는 중국에서 해군력이 중요한 적이 거의 없었다. 1980년대 들어와 류화칭 장군이 현대 해군의 창설을 주도하면서 중국은 다시 해군 선박을 보유하게 되었다. 2017년에 이르러 미국보다 더 많은 선박을 보유하게 되었지만 앞서 언급한 것처럼 기술적으로는 한참 뒤떨어져 있었다.

국경 너머까지 국가의 힘을 행사할 수 있도록 해주는 이 능력은 이미 중국 남동해에서 발휘되어 중국의 영향력을 새로운 차원으로 끌어올렸다. 2015년 중국은 역사상 처음으로 동아프리카 지부티에 군대를 주둔시켰다. 엄청난 규모의 군대가 무엇을 할 것인가는 또 다른 문제였고, 그보다는 상징성이 컸다. 역설적이게도 마오쩌둥이 집권했을 때와는 달리, 힘센 중국은 1979년 이후 이웃 국가들과 싸움을 치르지 않았다. 현재와 미래의 진정한 싸움은 가상 세계에서 이루어지고 있다. 독일 총리의 개인용 컴퓨터와 호주 정부의 시스템을 해킹했다고 비난받을 정도로 중국은 이 분야에서 상당한 성공을 거두고 있다. 물론 중국의 해군력과 강한 국력 확보를 위한 그 당당한 행보는 적어도 국제사회로 하여금 중국을 새로운 시각으로 바라보도록 한다. 과거와는 다른 것이다. 이제 중국은 필요하다면 바다에서 전쟁을 치를 만한 능력도 있다.

　마지막으로 세 번째 새로운 현상은 그 영향이 가장 광범위하며 동시에 다루기 어렵다. 중국의 정치 철학에 따라 움직이는 세계가 과연 어떤 모습일지 그 누구도, 특히 중국인들조차 정확히 알지 못하기 때문이다. 현대사에서 중국은 얼마 전까지만 해도 소외되고, 종종 배제된 국가였다. 서구 질서와 크게 연관되는 개혁 계몽주의라고 하는 가치에 반발하고 보편주의 담론이라고 부르는 국가적 가치에 저항하면서도, 중국은 야망과 자신감으로 가득한 시진핑의 신시대에서조차 다른 나라들의 모범이 될만한 모델을 아직 제시하지 못하고 있다. 미래 민주주의에 대한 의구심으로 혼란스러운 이 시대에 중국이 공자아카데미를 통해 자국의 철학을 장려한다는 비난을 받고는 있지만, 조화와 균형, 다양성, 불간섭 등 스스로 옹호한다고 믿는 가치에 기초한 세계질서를 제안하지 못했고 이것을 다른 나라는커녕 중국 내에서조차 잘 이해될 수 있도록 명확하게 표현할 수 없었다. 이러한 가치들이 세상을 움직이는 동력으로써 받아들여질 수 있을까? 이것이 과연 중국이 궁극적으로 원하는 것일까?

한 가지 분명한 것은 개혁개방에 착수한 뒤 30년간 중국은 두 가지 측면에서 운이 좋았다는 사실이다. 첫째, 규칙을 기반으로 한 질서 정연하고 예측 가능한 국제 환경에서 중국은 큰 이익을 얻었는데, 특히 세계무역기구와 같은 국제기구의 규제를 통해서 중국은 국제무역에 참여하는 한편 외부 경쟁을 통한 내부 개혁을 도모할 수 있었다. 하지만 동시에 중국은 이러한 개혁개방의 절차를 밟아나가는 내내 이를 중국 고유의 문화적 상황에 따라 진행하겠다고 표방했고 결국 예외주의라는 자국의 모토를 지켜나갈 수 있었다. 상대적으로 중국의 경제 규모가 작았을 때는 이러한 독특하고, 때로는 굴욕적인 입장을 취할 수 있었다. 하지만 경제적으로 성장하고 외교적으로도 힘이 생기면서부터는 후발주자로서 선진국을 좇아가는 이류국가처럼 겸손한 입장을 취하는 것이 점점 더 어려워졌다. 실제로 중국이 고속 성장하면서 다른 국가들은 경쟁에서 밀려났다. 거대한 경제 규모와 높은 성장률 덕분에 외부 시스템에 중국이 합류하자 그 시스템 자체가 변경될 수밖에 없었다.

시진핑이 집권하면서 중국은 기존의 규칙을 따르기도 하지만, 이제는 스스로 규칙을 만들어갈 수 있는 힘이 충분한 국가라는 생각을 하고 있다. 국경 너머에 있는 더 넓고 좋은 땅을 차지해야겠다는 중국의 욕심에 대해 애매모호한 태도를 취하는, 혹은 반대의 입장을 표명하는 주변국들 앞에서도 역시 그렇게 행동한다. 그리고 트럼프 대통령 덕분에, 중국 앞에는 더 많은 기회가 놓여있다. 문제는 이제 시진핑의 중국이 더 큰 책임을 져야 하는 시점이라는 사실이다. 1978년 이래 중국은 규칙을 기반으로 하는 국제사회 시스템에 참여해왔지만, 그 시스템을 지탱하고 있는 기본 규칙을 존중하지는 않는다. 앞서 논의한 것처럼 법치의 개념을 받아들이지 않고 있으며, 표현의 자유나 종교의 자유 같은 자유의 개념과 정보의 자유로운 유통 역시 마찬가지다. 제2차 세계대전 이후 여전히 유효한 미국 주도의 세계 질서는 이러한 자유주의적 가치에 의해 유지되었고, 중국은 실용성과 효용성을 토대로 이러한 시스템을 받아들였다. 이를 통해 중국은 많은 이득을 얻었으며, 어떤 의미에서는 그 이점을 즐기고 있다. 하지만 이제 이러한 체제에 대한 신뢰가 약해지면서, 중국이 이를 대체할 수 있는 다른 가치를 제공할 수 있는가가 관건이다. 그리고 더 중요한 것은 회의적인 외부세계가 그것을 과연 받아들일 것인가 하는 점이다.

시진핑 사상은 중국의 발전이라는 도전이 국제적 맥락에 놓여있으며 국내 이슈와 국제 이슈가 긴밀히 연관되어 있다는 사실을 음과 양으로 인정하고 있다. 제19차 당대회는 신중하게 연출된 행사였고 중국 인민들을 겨냥한 행사였지만, 한편으로는 중국이 지닌 힘의 본질과 시진핑 리더십하에서 중국이 스스로를 어떻게 바라보고 있는지에 대한 단서를 구하려는 세계를 겨냥한 것이기도 했다. 당대회에서도 보여주었듯, 중국은 그 첫 번째 100년의 목표를 달성하고 공산당이 주도하여 중국 특색 사회주의 현대화를 완성해나가는 이 특별한 순간에 외부세계의 인정과 국제사회에서의 지위를 추구하고 있다. 내부뿐만 아니라, 외부에서도 자국의 새로운 위치를 인정받고자 한다. 우러러 존경받기를 원하는 것이다. 시진핑 그 자신과 지도력을 국제사회에 홍보하고 있으며 당 성과에 대해서도 외부의 인정을 구하고자 당대회 기간 내내 노력을 기울였다. 이러한 노력은 시진핑이 해외 순방을 하는 동안에도 계속되었다. 해외는 큰 웃음을 띠며 박수갈채를 보내는 국내의 관중이, 부상하는 중국과 그 위대함에 갈채를 보내는 외국인들로 대체된, 중국에 대한 지지를 확인하는 공연장이다. 이러한 중국 특색의 위대함은 외부세계에 의해 의미 있는 것으로 인식되어야만 한다. 이처럼 중국이 갈구하는 외부세계의 인정은 국가가 필요로 하는 최후의 것이다. 다른 이들의 인정 없이 위대함을 달성하는 것은 가치가 없다. 이러한 행위에는 두 당사자가 필요하다.

전쟁의 참상과 외교적 고립으로 인해 경제 규모가 아주 작았던 1950년대 중반 중국은 평화공존 5원칙을 내세웠다. 이 원칙을 통해 다른 국가에 의한 내정 불간섭, 어렵게 얻은 주권에 대한 상호 존중과 상호 불가침 등 당시 중국과 같은 상황에 놓여있던 국가가 당연히 지키고자 하는 권리를 강조했다. 1980년대에 이르러서는 덩샤오핑의 새로운 리더십하에서 '24자 원칙'이 등장했다. 낮은 자세를 유지하고, 기꺼이 협조하며, 국가 내부의 주요 도전들에 대처할 수 있는 시간을 벌어주었다. 2000년에 이르러 등장한 장쩌민의 철학은 과거 20여 년간 지속해온 이러한 생각들을 보완하면서 전략적 기회를 엿보아야 한다고 강조했다. 미래에는 중국이 원하는 것을 더 많이 얻어낼 수 있음을 암시하는 다소 진취적인 사고였다. 후진타오 시대가 끝나갈 무렵, 다이빙궈 수석 외교관은 국가의 현 정치체제와 안보를 유지하고 동시에 중국의 시각에서 볼 때는 정당한, 남동부 중국해에 대한 권리를 포기하지 않으면서도 안정을 유지해야 한다는 핵심 목표를 제안했다. 이것은 당시 지도자들의 연설문에 계속 등장하면서 지지를 받았던 '평화적으로 우뚝 선다'는 구호와 그 격을 나란히 한다. 중국은 다른 국가들과는 같지 않을 것이라는 점을 분명히 했다. 국제적 시스템을 붕괴시키기 위해 부를 사용하지 않을 것이며, 모든 것은 합의와 조화를 토대로 이루어질 것이다. 적어도 이론상으로는 그랬다.

이렇게 다양하게 반복되는 중국 구호의 핵심, 즉 시진핑과 그의 측근들이 씨름하고 있는 핵심 이슈는 이제 정상의 자리를 차지한 중국이 부와 영향력을 함께 쥐게 되었다는 단순한 사실이다. 해외에서 자산을 보유하고 투자를 계속하고 있으며 전 세계를 아우르는 공급망을 확보하고 있다. 마오쩌둥 시대와 달리 중국은 이제 국제적 환경에서 그 모든 자본과 물류가 전 세계와 연결되어 있다. 이러한 이유로 시진핑은 2017년 초 다보스에서 열린 세계경제포럼에서 처음으로 연설했는데, 그 주제는 새로운 트럼프 체제에서 위협받고 있는 세계 질서를 지켜야 한다는 것이었다. 일당체제를 유지하고 있는 세계 마지막 공산주의 국가인 중국이 이제는 다수당 민주주의체제와 관련하여 가장 힘 있는 수호자가 된 것이다. 흥미로운 아이러니가 아닐 수 없다.

　이처럼 중국은 상반되는 외교적 정체성으로 혼란을 겪고 있다. 중국 스스로 자국을 작고 한계가 있는 행위자로 묘사하거나, 혹은 '평화의 수호자'로 새롭게 떠오르며 세계 질서의 중심이 되었다고 생각하는 사이, 지난 70여 년간 이어온 중국의 외교 노선은 힘을 잃었다. 시진핑이 집권하면서 중국은 가끔은 오만하게 보일지언정 영광스러운 미래의 역할에 대한 자국의 꿈을 확인했다. 지금은 전혀 새로운 환경에 놓여 있지만, 과거 중국의 외교적 지위에서 파생되고 누적되어 그 결과로서 이제 중국이 직면하게 된 현실적인 문제가 있다. 중국은 세계에서 여섯 번째로 투자를 많이 하는 국가다. 세계에서 두 번째로 큰 수입국이자 120개 이상의 국가와 교역하는 최대 무역국이다. 주요 교역국에서 발생하는 혼란과 불안은 이제 중국에도 문제가 된다. 석유 수입량의 반을 들여오는 중동의 경우, 그 국가의 내부 문제는 석유 공급의 안정성에 큰 영향을 미친다. 자국의 이익을 보호하기 위해서라도 중국이 개입해야겠다고 결정할 경우, 이들 나라는 과연 스스로를 방어할 수 있을까? 구경꾼의 입장에서야 대부분의 이슈에 대해 크게 개의치 않는다. 하지만 그것이 자국민에게 큰 영향을 미칠 때는 수수방관만 할 수는 없는 노릇이다. 예컨대, 2011년 리비아에서 내전이 발발했을 때, 중국은 3만 7,000명의 중국인을 본국으로 소환했다. 2017년에는 짐바브웨의 대통령 선거에 개입해 무가베가 낙마하는 데 역할을 했다고 비난받기도 했다. 또한 유럽연합과 중국, 그리고 다른 국가들이 연관된 폭동이 미얀마에서 발생하면서 그 이해당사자가 될 수밖에 없는 처지에 놓이기도 했다.

시진핑의 시대는 글로벌 중국의 시대다. 그 자체만으로도 중국은 이제 새로운 외교적 수사를 필요로 한다. 중국이 코끼리임을 모든 이가 알고 있는 지금, 스스로 쥐로 가장할 수는 없다. 역량에 한계가 있어 외교적으로 부족하다는 중국 스스로의 표현과 상시 중국의 강압을 직접 경험하는 외부세계의 간극이 심하면 혼란을 야기할 수밖에 없다. 세계를 위해 보다 이타적이고 관대한 입장을 취하기보다는 자국의 이익을 우선시하며 계속해서 승리자가 되는 불공정한 거래를 하면서 겉으로는 언제나 윈-윈의 결과를 목표로 하는 것처럼 보인다. 이것은 실제로는 초강대국의 물리적 힘을 지니고 있으면서도 스스로 취약하다고 여기는 작은 국가의 사고다.

일대일로 구상이나 연설 내용을 보면, 적어도 시진핑은 그 괴리를 인식하기 시작했고 이제 진정한 글로벌 강국으로서 세계를 향해 외치는 중국만의 목소리를 찾기 위해 부단히 노력하고 있다는 사실을 알 수 있다. 하지만 문제는 상당 기간 그 정답을 알기란 어려울 것이라는 데 있다. 중국은 이제 세계적 선수가 될 기회를 맞았으며 그럴 만한 위치에 있고, 이러한 중국을 세계의 많은 국가는 받아들일 준비가 되어 있다. 하지만 예외주의나 자국만의 특별한 독점적 이념을 지닌 중국이 전성기일 때 미국이 그랬던 것처럼, 다른 국가들과 함께하는 힘을 발휘할 수 있을까? 혹은 자국을 지키기 위해 모든 것이 실용성과 효용성으로 점철된 시스템을 스스로 창조하고 다른 외부세계의 이념이나 기관들과는 서로 연결되지 않은 채 영원히 위대한 아웃사이더로 존재할 운명인가? 중국을 중심으로 넓은 세상이 움직이고 모든 국가의 우선순위가 정해지길 원한다면 이는 곧 구식의 모델이 될 것이다. 잠깐은 작동하겠지만, 그리 오래가지는 못할 것이다. 즉, 지속 가능이라는 측면에서 큰 문제가 발생한다. 이러한 접근방식은 중국의 주권과 기관에 특별한 지위를 선사하겠지만, 결국에는 과거 그토록 중국이 벗어나고 싶다고 했던 계층적 질서를 재현하게 될 것이다. 유교적 공산주의라는 세계 질서는 시진핑의 주장에도 불구하고 현실성이 없어 보일 것이다. 모든 사람의 예상보다 더 빨리 이것이 전적으로 불가능한 생각이라는 것이 증명될 것이다.

제 5 장
시진핑과 정치개혁

중국의 최고지도자가 새로 등장할 때마다 세계는 그가 '은둔의 개혁자'일지 모른다며 흥분한다. 과거 미하일 고르바초프가 그랬듯 중국의 일당체제를 유럽이나 북아메리카의 다당체제로 바꾸기 위한 구상을 계속해나갈 것이고, 마침내 중국은 자유의 묘약을 마시고 세계공동체의 일원이 됨으로써 유일하게 일당체제가 살아남은 예외 사례가 끝내는 해결될 수 있을 것이라 희망한다.

서방세계와 비슷한 정치체제를 중국이 갖추었으면 하는 욕구는 오랫동안 존재해왔다. 여기서 '서방'이란 미국에 기반을 둔 오래된 비정부기구인 프리덤하우스가 정의한 바와 같이 국가 내부의 여러 그룹이 권력을 위해 경쟁하는 88개의 다당체제 민주주의 국가를 말한다. 특히 덩샤오핑은 과거 레닌주의 일당체제와 중국공산당을 부정한 적이 단 한 번도 없고, 16세 이후 몸담았던 당을 위해 많은 것을 희생해왔음에도 불구하고 잠재적 자유주의자로 인식되었다. 1980년대 중국의 경제와 정치를 개혁할 인물로『타임』표지를 두 번이나 장식했지만, 1989년 톈안먼 사건을 처리하는 과정에서 그가 보여준 잔인한 대응으로 인해 이러한 이미지는 타격을 받았다.

덩샤오핑의 후계자들을 잠재적 개혁자로 보고자 하는 서방세계의 희망은 계속되었다. 장쩌민과 후진타오, 그리고 시진핑이 과연 미래의 고르바초프일 수 있을지 면밀히 관찰하기도 했다. 하지만 이는 소비에트연방에서 일어난 개혁과 이후의 결과, 즉 일당체제가 무너지면서 여러 후계자가 경쟁하는 혼란스러운 정치 환경이 만들어졌다는 사실에 대해 중국은 대단히 부정적이라는 현실을 무시한 것이다. 시진핑이 이러한 형태의 개혁을 주도할 확률은 거의 없거나 있더라도 대단히 낮다. 주의 깊은 관찰자라면, 중국의 최고지도자가 되기 전 시진핑이 보여준 모든 행보가 오히려 그 반대의 양상을 띤다는 사실을 잘 알 수 있다.

여기에는 심오하고도 복합적인 이유가 존재한다. 과거 혼란과 분열이 끊임없이 이어졌던 복잡 다양한 중국 사회의 속성상 중국 지도자들은 위험을 극도로 싫어한다. 마키아벨리처럼 그들은 신뢰도 좋지만, 통제가 훨씬 더 중요하다는 모토를 따른다. 10년 전 시진핑이 그러했듯 지방정부를 다스리기 위해 당에 의해 선발된 사람들은 대개 위기관리자로서의 가치를 지닌다. 그들은 수백 년 전에 일어난 과거의 위기와 붕괴에 관한 기억에 흠뻑 젖어 숨쉬고, 일하고, 살아간다. 환경적 측면에서 볼 때 중국은 지진이나 홍수 등 자연재해가 자주 일어나는 편이다. 1976년 베이징 근처 탕산에서 지진이 발생해 25만 명의 사상자를 냈고, 황허강과 양쯔강에서는 계속 홍수가 발생한다. 1850년부터 1864년까지 14년간 2,000~3,000만 명의 중국인들을 죽음으로 몰고 간 태평천국운동을 비롯하여 1946년부터 1949년에 걸친 국공내전, 사회계층 간 반목이 거세었던 문화대혁명 등 인재 또한 많이 발생했다. 이러한 역사의 기억 때문에 중국 지도자들은 불안정과 그로 인해 발생하는 위기 사태에 대해 대단히 민감하다. 그리고 이러한 혼란이 또다시 발생하지 않도록 상황을 잘 관리하는 것이 그들의 주된 책무다.

물론 이것이 변화를 절대 용인하지 않는다는 것을 의미하지는 않지만, 변화를 추구하려면 적절한 이유가 필요하다. 예컨대, 1978년의 대담한 경제개혁은 마오쩌둥의 경제정책이 계속 실패하면서 심각한 위기를 초래할지 모른다는 우려가 대두되면서 시작되었고 또 정당화되었다. 설득력 있는 근거 없이 개혁의 움직임을 정치 영역으로 확장할 의도는 결코 없었다. 정치적 변화는 지도자들 마음속에 반드시 그러한 변화가 필요하다는, 경제적으로 타당한 이유가 있을 때만 비로소 이루어질 수 있다. 그리고 이러한 정치적 변화에는 그 잠재적 불확실성으로 인해 민주주의의 다당체제는 절대 고려되지 않는다.

시진핑은 외부세계, 특히 미국으로부터 계속 정치개혁에 대한 압력을 받던 세대의 인물이다. 시진핑과 같은 지도자들은 사회 전체가 참여해 의사결정을 하는 시스템이 중국의 이익에 부합하지 않는다는 시각을 가지고 있다. 즉, 외부세계와의 긴밀한 경제적 통합을 통해 특정 국가를 지배하고 그 행동을 강요하고자 하는 서방세계의 욕망이 내재해 있다고 생각한다. 어느 때부터인가 국가민주연구소National Democratic Institute와 같은, 특히 미국에 기반을 둔 NGO들이 중국의 풀뿌리 단체를 지원했다. 포드

재단과 카터센터가 가장 활발히 활동했고, 유럽연합은 마을 선거를 지원했다. 그 덕분에 1990년대 후반부터 2000년대 초반까지 중국에서도 몇 년간 자유주의가 유행하던 시기가 있었다. 하지만 내성적이고 소심했던 후진타오가 집권했을 때조차 이에 대한 기습 단속이 끈질기게 계속되었다. 그리고 이러한 단속은 2010년 반정부 시위인 아랍의 봄이 시작되면서 더욱 강화되었다. 중국은 리비아에서 카다피가 갑작스럽게 실각하고 주변의 다른 국가들이 대혼란에 빠지는 것을 보면서 서방세계의 의도를 목격했다. 외부세계에 대한 중국의 부정적 인식은 소비에트연방 붕괴 후 독립한 위성국가에서 발생한 소위 색깔혁명과 2014년 민주주의 타이완에서 폭발한 민중시위를 바라보며 더욱 악화되었다. 마지막으로 2008년 세계 금융위기 이후 많은 사람이 재정적으로 붕괴하면서 민주주의는 당혹스러운 상황에 빠졌다. 조잡한 시스템하에서 자본주의 국가들은 그들 자신의 자본조차 잘 관리하지 못하는 모양새였다. 중국이 서방세계의 통치 모델을 도입할 경우 얻을 수 있는 장점이 과연 얼마나 되겠느냐는 지도층의 회의적 시각이 당 깊숙이 스며들었다.

시진핑이 집권하면서 중국에서는 진정한 의미의 정치개혁

이라는 개념이 현저히 사라졌다. 제19차 당대회 개회식 연설에서도 시진핑은 '현대화'와 '임무', 그리고 다른 키워드들을 여러 번 언급하며 다양한 영역과 쟁점을 다루었지만, 민주주의에 대해서는 거의 언급하지 않았다. 전임자인 후진타오가 2007년 당대회 연설에서 민주주의란 단어를 60회 이상 사용한 사실을 고려하면 놀라운 현상이다. 시진핑 사상의 핵심인 '중국 특색 사회주의의 현대화'라는 새로운 이념적 표현은 개혁을 포함하는데, 거의 모든 중요한 분야에서 개혁을 다루지만 정치만큼은 예외다. 지난 70년간 크게 변화하지 않은 당 체제하에서, 역동적인 신新가치의 새로운 경제체제를 창조해나가겠다는 시진핑의 제안을 주목할 필요가 있다. 이것이 과연 가능한 일인가? 만약 가능하다면, 일반적으로 정치·경제 변화가 서로 밀접하게 연결되어 있고 이 둘은 분리될 수 없다고 이야기하는 현대화에 관한 서구 이론의 측면에서 이것이 의미하는 바는 무엇인가?

시진핑 시대 독특한 특징 중 하나는 중국이 서구의 통치방식을 받아들일 수도 있음을 암시하는 모든 담론에 대해 강력하게 대처하고 있다는 점이다. 2014년 일명 '9호 문건(중국공산당의 공식 문서는 매해 1월에 발행된 첫 번째 문서부터 순차적으로 번호가 매겨진다)'이라는 당 내부 문서가 한 기자(이 여기자는 나중에 국가기밀 유출 혐의로 실형을 선고 받았다)에 의해 유출되었는데, 이 문서에 따르면 학계에서 삼권분립과 입헌주의 및 연방주의, 그리고 영국 의회와 같은 양원제 등 서방의 정치체제에 관한 어떠한 개념도 지지해서는 안 된다고 규정하고 있다. '서구 자유주의'라는 이름으로 형성된 이러한 정치 개념에 대한 중국의 혐오감은 전혀 새로운 것이 아니다. 1980년대 덩샤오핑은 "신선한 공기를 마시기 위해 창문을 열면 파리도 같이 들어온다"고 경고했다. 한때 공산당원으로서 당에 대해 정곡을 찌르는 비판을 서슴지 않았던 유명한 천체물리학자 팡리즈와 같은 인물들을 숙청하는 데도 이러한 부르주아 자유화 운동은 교묘하게 이용되었다. 결국 그는 1989년에 추방되었다. 이러한 정치적 압박은 1990년대에도 계속되어 1998년 당으로 공식 인정해달라는 중국민주당의 요구에 대한 거부, 1999년 파룬궁에 대한 박해 등이 이어졌다. 후진타오 집권하에서 중국 경제가 급격히 성장하는 동안 당은 서구의 정치 모델에 대해 통렬한 비판을 쏟아냈다. 그중 내용이 가장 깔끔하게 정리된 것은 2009년에 발행된 문서 '여섯 가지 왜'이다. 왜 중국이 다당체제를 도입할 수 없는지, 왜 법원이 당의 정통성에 도전할 수 있도록 허용되지 않는지를 설명하고 있다. 9호 문건은 이러한 중국 시각의 반복인 셈이다.

또한 정치개혁과 관련해 시진핑 시대의 특이한 점은 이에 대한 진정한 논의가 거의 없다는 데 있다. 과거 중국에서는 다소 제한적이긴 했지만, 정치 자유화 가능성을 고려해볼 수 있는 약간의 여지는 존재했다. 예컨대, 2010년 중앙편역국의 학자였던 위커핑이 『민주는 좋은 것』이라는 책을 발간했다. 1998년 마을 선거를 법제화하면서 300만 명에 달하는 후보가 등록했고, 후진타오 정권 초반에는 그 책임과 투명성을 높이고자 개혁에 관한 당내 토론이 가능한 '당내 민주주의'라는 개념이 등장했다. 하지만 시진핑이 집권하면서 이 두 가지 시도 모두 중단되었다. 마을 선거는 계속 치러졌지만, 크게 의미는 없다. 이렇게 주민정치와 좀 더 높은 수준의 통치방식을 끌어내고자 했던 시도는 끝이 났다. 당은 이제 단합과 규율에 목을 맨다. 당내 민주주의라는 개념 역시 2017년 시진핑이 제19차 당대회 연설에서 단 한 번 아주 짧게 언급한, 이제는 생소한 아이디어가 되었다.

시진핑 사상은 정치적 이념이다. 그리고 시진핑의 리더십은 앞서 언급한 바와 같이 당이 정치적 조직으로서 정치 프로그램을 운영해나가며 정치 활동에 중점을 두어야 한다는 데 초점을 맞추고 있다. 경제 분야와는 달리, 정치 분야에서의 개혁은 전혀 이루어질 조짐이 보이지 않는다. 거의 매일 사회, 문화적 측면에서 변화를 경험하는 중국이지만, 인간의 행동이 가장 복잡하고 민감하게 나타나며 그 변화가 심한 정치 분야에서는 별다른 움직임이 보이지 않는다. 당은 지금처럼 도전받지 않고 불변인 채 영원히 존재할 것이다. 이것은 가히 주목할 만한 사실이지만, 또한 받아들이기 거북한 사실이기도 하다.

물론 이러한 사실을 받아들이기 전에 고려해야 할 몇 가지 이슈가 있다. 첫째, 정치개혁에 대한 시진핑의 태도가 어떠한지, 적어도 그 개인적 생각이 어떠한지 누구도 정확하게 알지 못한다는 사실이다. 공산당이 정치적으로 반대의 입장을 취하는 야당의 존재를 허용할 것이라는 상상만으로도 흥분될 수 있다. 하지만 이것이 짧은 시일 내에 현실이 될 수 있을 것이라는 증거는 전혀 없다. 물론 다른 방법들, 예컨대 1980년대 타이완에서처럼 다당체제라는 실제 제도적 변화가 일어나기 전 기존의 제도가 좀 더 완화되는 형태로 나타날 수는 있을 것이다. 혹은 그 내부에서의 경쟁이 가능한 일당체제의 형태로 변화할 수도 있다. 바로 이것이 적어도 지금의 신중한 중국 지도자들이 선호하는 방법일 수 있다. 우리 모두 알고 있듯 문제는 그들 스스로 시진핑 집권하에서는 정치개혁이 일어나지 않을 것이라고 이야기하는 것이 아니다. 정치개혁에 대해 언급 자체를 하지 않는다는 것이 더 큰 문제다. 그리고 이는 정치개혁에 대해 단호히 반대하기보다는 의심 가득한 눈초리로 주저하는 그들의 태도를 드러낸다.

둘째, 시기의 문제가 있다. 앞서 밝혔듯 시진핑 시대는 이제 역사적 전환점이 될 것이다. 공산당 창당 100주년이 되는 2021년까지 중국이 이루고자 하는 목표는 중국의 부흥이라는 과거 공산당이 지키지 못했던 약속을 이제는 행동으로 옮기기 시작했다는 것을 의미한다. 과정도 복잡한데다가 그 결과도 불확실하며 요구가 무엇인지도 명확하지 않은 정치개혁을 위해 지금 이 순간을 위태롭게 하는 것은 무모한 짓일 것이다. 100년 만에 맞은 이 기회가 좌절될 수도 있고, 시진핑 시대는 실패라고 낙인찍힌 채 역사 속으로 사라질 수도 있다. 이러한 측면에서 본다면 정치개혁에 대한 논의가 거의 이루어지지 않는다는 것이 사실 그리 놀랍지만도 않다. 다만 이를 지금 당장 포괄적으로 다루기에는 상황이 너무나 복잡할 뿐이다. 중국은 적절한 시기를 기다리고 있다. 시간이 지나면서, 혹은 위기에 봉착하면서 이 문제를 다룰 만한 적절한 순간이 나타날 수도 있다. 어느 시점에서고 이 문제는 짚고 넘어가야 한다고 강력하게 주장하는 사람들도 있다.

셋째, 이 문제에 대해 아직 당내에서 명확한 합의가 이루어지지 못했을 가능성이 있다. 앞서 논의한 바와 같이 상대적으로 직접적인 사안인 시장경제의 역할에 대해서 사회주의자들과 자유주의자들 간의 불완전한 휴전이 존재한다. 정치개혁에 대해서는 이보다 더 심한 입장 차이가 있을 수 있다. 적어도 이 문제와 관련해서는 침묵이 당 내부의 어떤 강력한 힘이나 단합의 표시라고 단정 지어서는 안 된다는 주장이 더욱 힘을 받는 이유다. 반대로 당 내부에서 의견이 분열되어 있지만 아직 밖으로 표출되지 않은 것일 수도 있다.

이러한 침묵의 분위기 속에서 시민운동가들과 인권변호사들은 잔혹한 대우를 받아왔다. 장쩌민과 후진타오 시대 역시 자유주의를 관용하는 황금시대는 아니었지만, 시진핑이 집권하면서 제약은 더욱 심해졌고, 때로는 성문화된 가혹한 규정들을 포함해 불문율을 위반했다고 간주되는 사람들에 대한 처벌이 급증했다. 2010년 노벨평화상 수상자인 류샤오보는 국가전복죄로 징역 13년을 선고받았고, 그로부터 8년 후 해외에서 치료를 받게 해주어야 한다는 국제사회의 압박에도 불구하고 옥중에서 암으로 사망했다. 중국 법원에서 유죄판결을 받은 적이 없는 그의 아내 류샤는 독일로 망명하기 전까지 정신적, 신체적 건강 문제에 대한 우려에도 불구하고 은둔 생활을 해야만 했다.

시진핑의 리더십은 법에 의한 통치를 기반으로 한다. 적어도 2014년 법률개혁을 주된 주제로 다루었던 제5차 총회 내용으로 볼 때 이 점은 분명하다. 시진핑의 핵심 지지층, 즉 신흥 중산층에 그들의 재산과 토지 권리에 대한 어느 정도의 예측가능성과 확신을 주는 것이 중요하기 때문이다. 이들 신흥 중산층의 최고 투자처는 여느 자본주의 사회와 마찬가지로 자신들의 아파트(운이 좋게도 아파트를 살 만한 돈이 있는 사람들이다)와 주택이다. 융자와 모기지도 이용할 수 있지만, 일반적으로 최대 15년이 지나면 상환해야 한다. 2016년 상하이의 부동산은 물가가 비싸다고 악명 높은 시드니 같은 도시보다 훨씬 더 비쌌다. 같은 해 10월 13일 『이코노미스트』가 발표한 '거품이 거품이 아닐 때'라는 제목의 기사에서도 다루었듯, 중국의 주택시장은 단일시장으로서는 아마도 세계에서 가장 크고 가격이 부풀려져 있는 곳일 것이다. 서비스업에 종사하며 매일 출퇴근하는 중국의 신흥 부르주아지의 경우, 그들에게 가장 중요한 자산을 안전하게 해줄 법적 보증은 다른 분야와 마찬가지로 중요하다. 앞서 논의했듯 상법의 발달 역시 마찬가지다. 기능적으로는 법적 시스템이 갖추어져 있음에도 불구하고 과거에는 이것이 제대로 작동되지 못했고, 너무나 자주 정치 세력에 의해 성문화된 규정이 뒤집혔다.

시진핑의 중국에서 법은 신흥 부르주아지를 달래기 위해 필요하다. 물론 그렇다고 해서 이것이 법의 테두리 너머에서 정치 활동을 하는 법률가를 지지한다는 의미는 아니다. 이는 절대 용납될 수 없다. 2000년 이후 소비에트연방 위성국가들의 체제를 전복시켰던 색깔혁명을 지켜보면서 중국 지도자들은 사회 혼란의 주요 원인 중 하나가 정치적으로 활동하는 변호사들이 당의 정통성에 영향을 미치기 때문이라고 보았다. 이러한 변호사 중에는 숨은 목적을 품은 시민사회운동가들도 있다. 시진핑은 이들이 당의 정통성을 희석하거나 혼란스럽게 하지 못하도록 당의 최고성을 지키는 데 전력을 다한다. 반면, 후진타오 시대에는 쉬즈융이나 가오지셩과 같은 인물들에게 어느 정도 활동을 허용했다. 쉬즈융은 '열린 헌법'이라는 싱크탱크를 세우고 헌법개혁과 개방체제에 관해 논의했고, 가오지성은 파룬궁 사태와 같은 사회적으로 논쟁이 된 사건을 맡아 변호했다. 둘 다 사회적으로는 결말이 좋지 않았다. 가오지성은 2007년 처음 체포되었다가 시진핑 집권하에서 잠시 풀려났지만 결국 공적 활동을 할 수는 없었다. 구금 중에 심하게 학대받고 고문당했다는 기록이 있다. 2015년과 2016년 사이 체포되어 조사받고, 결국 가택 연금에 처하거나 협박을 당했던 변호사와 법 관련 전문가가 200여 명에 달했는데, 시진핑이 집권하기 전까지만 해도 별로 위협적이지 않다고 여겨졌던 쉬즈융 역시 그중 한 명이었다. 쉬즈융은 공공질서 침해죄로 2014년부터 소급하여 4년의 징역형을 선고받았고, 2017년에 풀려났다.

시진핑의 중국은 특이하다. 어떤 면에서는 법을 개정해 규정을 보다 명확히 하고 법적 제약을 정확히 하고자 하는 욕망이 있는가 하면, 그 뒤에는 방어하고자 하는 논리가 있다. 외국의 NGO가 중국 본토에서 활동하기 전에 공안부 또는 경찰에 등록하도록 요구하는 외국비정부기구법이 2016년에 도입되었는데, 일부 사람들은 이를 보다 투명한 법체제를 구축하기 위해 기존의 불문율을 성문화한 적절한 사례라고 주장한다. 중국에 기반을 둔 모든 국제 NGO에는 두 개의 공식기구가 있어야 한다는 요구처럼, 중국에서 행해지는 많은 관행이 제약적이고 적절하지 않다고 느낄 수 있다. 하지만 이것은 사실 많은 사람이 이미 그렇게 행하고 있다고 생각하는 부분을 명확히 규정화한 것일 뿐이다. 이것은 비록 불쾌하기는 해도 사안을 보다 명확하게 만들었다는 의미가 있다. 하지만 당원들은 당에 충성해야 하고 규율을 잘 지켜야 한다는 시진핑의 요구가 이제는 변호사와 인권활동가들에게도 필수 요건이 되고 있다. 외부세계에 대해서도 시진핑은 모호함을 느끼게 한다. 예컨대, 그가 집권하기 전까지만 해도 일반적으로 무시되어 온 환경법을 엄격히 적용해 그 기준을 충족시키지 못한 회사와 정부를 처벌하고 있다. 인류가 야기한 기후 변화에 대처하는 세계적 노력을 위해서 이는 분명 좋은 일이다. 하지만 이와 동시에 이 장 앞에서도 언급했듯, 정부가 더 큰 책임을 져야 한다고 주장하는 환경론자들이나 시민사회 주체들, 그리고 정치적으로 위험한 내용을 기사화하는 언론인들은 종종 큰 보복의 대상이 된다. 반체제 인사와 인권변호사들에게 있어 시진핑의 중국은 살기 힘든 곳이 되었다. 민족주의와 '위대한 국가'라는 구호에 의해 달구어진 중국 사회의 분위기는 많은 분야에서 활동가들이 '내부의 적'이라는 멍에를 안고 더 심하게 배척당하고 있음을 의미한다. 그들은 다시 한 번 부흥하고자 하는 국가의 위대한 순간을 방해하고, 수치와 고통으로 얼룩진 역사를 저 멀리 내던질 좋은 기회를 버리려 애쓴다고 인식된다.

인권 문제와 관련해 중국과 대화를 모색하고 있는 외국 정부는 이제 훨씬 더 확신에 차 있고, 사안을 무시하는 상대를 마주하게 되었다. 일반적으로 세계의 지도자들은 인권 문제에 대해 침묵을 지켜왔다. 예컨대, 2017년 11월 베이징을 방문한 트럼프 미국 대통령은 세계에서 가장 강력한 민주주의의 지도자로서 인권 문제에 대해 중국에 압력을 가해온 것이 지금까지의 관례였음에도 불구하고, 이 주제에 대한 논의를 피했다. 이러한 측면에서 볼 때 모든 것을 거래하려 하는 트럼프의 행동방식은 이제 자국의 통치방식이나 가치관에 대해 조언받기를 원하지 않는 시진핑의 중국과 잘 맞는다. 그 경계가 점점 모호해지고 상황이 더욱 복잡해지면서 외국인이 중국 감옥에 구금되고 가혹한 형사법원을 경험하는 일이 자주 생기게 되었다. 상법과 달리 중국의 형사법은 여러 가지 이슈를 동반한다. 무죄가 입증될 때까지는 용의자를 유죄라고 간주할 뿐만 아니라, 폭력을 사용하지 못하도록 하는 여러 장치에도 불구하고 자백을 받아내거나 복종을 강요하기 위해 폭력을 사용하는 경우가 다반사다. 영국의 기업 조사관이자 중국에서 오랫동안 거주했던 피터 험프리는 고객인 다국적 의약회사 글락소스미스클라인과 일하다가 감옥에 구금되면서 이를 직접 경험했다. 감옥에 수감된 험프리의 모습이 TV에서 다루어졌고, 그는 짧은 재판 후 감옥에 구금되었다가 건강상의 문제와 계속된 로비 덕분에 풀려났다. 대중의 시선을 끌지 않는 중국인이었다면 훨씬 더 가혹하게 다루어졌을 것이다.

시진핑의 국정 중 많은 부분이 제도와 절차를 강화하고 예측가능성을 확보하는 데 기반을 둔다. 하지만 스스로 이러한 부분을 훼손한다는 비난을 받기도 한다. 의사결정을 내리는 데 있어 비공식 그룹을 활용하는 것이 시진핑의 통치방식이다. 영도소조領導小組라고 알려진 이 그룹은 1950년대부터 존재해왔으며, 선별된 당원으로 구성하고 정부의 핵심 정책과 그 이행에 관한 의사결정을 내린다. 다른 조직과 달리 당과 행정부에 영향을 미치지만, 그 운영방식은 베일에 싸여 있고 심의과정 역시 거의 알려지지 않았다. 외교정책이라든가 전면심화개혁, 또는 새롭게 출현하는 안보위원회처럼 외부에 알려진 12개의 그룹 중 시진핑은 절반 이상의 그룹에서 위원장을 맡고 있다. '모든 것의 의장'이라고 불린다. 시진핑 주위에는 파벌의 일원은 아니지만, 그가 신뢰하고 또 그를 잘 이해하는 가깝고 믿을 만한 자문위원들이 있다. 일례로 딩쉐샹은 시진핑이 상하이에 있을 때 개인비서였고, 2017년 정치국 위원이 되었다. 또 다른 예로는 그보다 더 높은 자리인 상임위원회의 위원이 된 리잔수가 있다. 시진핑이 자신의 가장 중요한 경제자문역이라 칭했던 류허 또한 정치국 위원이 되었다. 이들은 대개 지방정부에서의 행정 경험이 전무하다. 하지만 경험 많은 관료로서 시진핑의 정치적 지시에 복종하고 이를 잘 이행할 사람들이다.

마오쩌둥 시대 이래로 정치 시스템을 제도화하기 위해 많은 노력을 기울이고 있는 당을 이제는 '모든 것의 의장'이 책임지고 있다. 과거 강력한 지도자에 의해 야기된 고통스러운 경험으로 중국에서는 총회를 정기적으로 개최하고 후계자에 대한 연령 제한을 두는 등 여러 개혁을 단행했다. 하지만 이미 조금씩 드러나듯 후계자에 대한 연령 제한이 가장 어려운 문제로 판명되고 있다. 시진핑 리더십이 진퇴양난에 놓여있는 것은 명백하다. 한편으로는 카리스마 넘치고 모든 것을 책임지는 지도자를 내세움으로써 국가 차원의 메시지를 보다 명확하게 표방하고 국민에게 확신을 심어줄 수 있다. 하지만 겉으로 보이는 권력의 영역이 전부는 아닐 수 있다. 어떻게 한 사람이 중국처럼 광대한 나라의 모든 것을 결정할 수 있겠는가? 물론 이미 많은 사람이 시진핑이 모든 것을 책임진다고 믿으며, 이는 일종의 질서와 일체감을 준다. 하지만 이러한 접근방식의 단점은 중국 제도의 성향이 많은 공식적, 비공식적 권력을 개인에게 부여함으로써 그것이 모든 것의 장점을 좀먹는다는 사실이다. 이는 마치 햇볕을 받지 못해 이제는 자라지 못하는 빼곡한 숲속 나무와 같다. 그리고 이제 시진핑의 권력 역시 자체의 역동성을 가지고 있는 것처럼 보인다. 시진핑이 은퇴한 후에도 당은 살아남고 번영해야 하는데, 비록 불문율이라 할지라도 이것을 무시하거나 적용하지 않음으로써 과거로 회귀한 것으로 비친다면 과연 자치기구로서 당 스스로 잘 운영된다는 주장을 할 수 있겠는가?

시진핑 시대와 시진핑 사상은 외교와 경제, 행정 및 정치개혁과 같은 분야에서는 일관되게 혼종성混種性(서로 다른 문화가 섞이면서 새로운 문화를 만들어내는 현상-옮긴이)이라는 특징을 보인다. 오늘날의 중국 시장은 국가의 제약 아래 존재하고, 강대국으로서 중국은 국제적으로 더 많은 책임을 진다. 당은 어느 정도의 법치를 수용하면서도 그러한 규정이 당과 그 운영에는 직접적으로 적용되지 않도록 노력한다. 그러므로 일부 분야에서 있어 시진핑의 리더십은 신흥 중산층과 새로운 사회계약을 창출한다. 특정 권리와 경제적 자유를 위해 더 나은 거래를 하고, 부유하고 강한 국가에서 살기를 원하는 그들의 갈망이 만족하는 곳이다. 하지만 이 모든 것은 정치개혁에 대한 공공 논의의 부재와 더불어 발생하며, 2022년 이후로도 시진핑은 국가주석의 자리와 리더십을 목표로 하고 있다는 증거가 계속해서 나타나고 있다. 이러한 시점에서 시진핑의 위대한 사명은 이미 어느 정도 달성되었고, 완전히 달성하기 위해서는 조금 더 시간이 필요하다는 주장에 과연 힘이 실릴 수 있겠는가? 그리고 과거 오랜 시간에 걸쳐 구축되어온 절차와 권위에 대한 한계가 무너진 시스템 속에서 시진핑이 권력에 미쳐 마오쩌둥과 같은 신新독재자처럼 행동하는 것을 정말로 피할 수 있을 것인가?

이 장을 마무리하면서 오늘날의 중국, 그 핵심에 놓여있는 정치의 본질과 시진핑의 리더십에 대해 마지막으로 한 가지만 더 논의하고자 한다. 시진핑이 행한 대부분의 작업은 당에 대한 당원들의 충성심을 강화하면서 기득권층을 제거하고, 당의 집단 정체성을 침식할 수 있는 종족주의와 파벌주의의 싹을 없애는 것이었다. 가족과 동료 간의 연결고리가 다른 무엇보다 우선하는 개인의 사적 네트워크는 중국에서 오랫동안 문제가 되어 왔다. 반면, 2017년 새로운 시진핑의 라인업은 이러한 개인적 친분이 잘 드러나는 조직은 아니다. 상하이방(한정처럼 해당 도시 출신과 전 시장이나 당서기)에 속한 사람들이 있고, 리커창을 중심으로 하는 중국공산주의청년단과 시진핑처럼 태자당과 관계된 사람들도 있다. 하지만 시진핑의 리더십과 관련해 그 무엇보다 중요한 것은 이 군단 사람들 사이에 어떠한 공통점도 없다는 사실이다. 이들은 주로 고위급 관료였거나, 어려운 시점에 행정적으로 혹은 지방정부의 책임을 맡아 자신들의 임무를 잘 수행했던 사람들이다. 예컨대, 경제학자로 이름이 높은 왕양은 충칭이라는 남부 지방의 당 서기관이었고, 한때 광둥성을 책임지기도 했다. 즉, 규모가 상당한 지방정부를 맡아 잘 꾸려나갔다. 자오러지는 승진하기 전 모든 중요한 부서의 책임자였다. 리잔수나 왕후닝처럼 일부 사람들은 과거에 시진핑과 같이 일했던 적이 있다. 하지만 이들이 다룬 정책적 측면에서도 뚜렷한 연결고리를 찾기는 힘들다. 왕양이나 한정은 자유주의자로 알려져 있다. 반면, 리잔수와 자오러지는 정치적 성향을 명확히 말하기 어렵다.

특정한 관계를 중심으로 만들어진 네트워크에 반대하는 시진핑의 핵심 메시지는 결국 당의 집단정체성을 복원하고 그에 대한 당원들의 충성을 극대화하는 것이다. 이러한 시진핑이 결국 자신을 중심으로 한, 자신만의 인적 네트워크를 만들고 있는 것인가? 만약 그렇다면 이것은 이러한 행위가 현재 중국이 필요로 하는 현대화 프로젝트의 한 부분이 아니라고 주장하면서 실제로는 교묘하게 이를 도모하는 것과 다름없다. 객관적이고 예측 가능한 규칙들을 준수해야 한다고 하면서 자신 스스로는 여기에 반하는 행동을 하는 것이다. 아마도 그가 이렇게 하는 데는 규율을 만들고 필연적으로 모든 것을 한 개인에게 집중시켜야 한다는 실용적인 필요성과 같은, 일부 특권적인 전략적 이유가 있을지는 모르겠다. 그렇다 하더라도 이러한 전략이 위험한 것은 틀림없다. 마오쩌둥이 증명했듯 권력은 강력한 마약과도 같다. 시진핑의 중국은 여러 의미에서 역설적인데, 이러한 역설은 시진핑의 리더십 스타일의 핵심적 특징 때문에 나타난다. 개인적 네트워크와 친분 위에 당이 존재하도록 중국의 현대화를 꿈꾸는 지도자로서, 시진핑의 곁에는 최고의 자리에서 그와 긴밀히 일한다는 사실 하나만으로 그를 위해 충성을 바치는 동료들이 있다.

제 6 장
시진핑 사상

이 책의 서론에서 나는 2017년 10월 18일 인민대회당 연단에 선 시진핑에 대해 이야기했다. 이 연설을 통해, 모든 권력을 한곳으로 집중시킨 시진핑이 중국에 대한 자신의 진정한 의도를 밝히는 시간이 될 것이라는 기대가 있었다. 하지만 역시 과거를 떨쳐내기란 쉽지 않았다. 연단에 선 시진핑 옆에는 전임자들 또한 나란히 자리하고 있었다. 자신의 거의 모든 측근이 시진핑에 의해 권력 중심부에서 제거되었을 뿐만 아니라 자신의 정치적 업적 또한 교묘히 부정당한 후진타오가 시진핑 옆에 무표정한 얼굴을 한 채 올곧은 자세로 서 있었다. 겉으로는 전혀 불안함을 내비치지 않았는데, 지난 10년간 집권하는 내내 보여준 후진타오의 속을 알 수 없는 태도 그대로였다. 반면, 반대편에서는 좀 더 어수선한 장면이 연출되었다. 수년간 계속 사망설이 보도되고 있는, 90세에 가까운 장쩌민이 당대회에 참석했다. 연설 내내 눈에 띄게 하품을 한다거나, 시진핑의 연설문을 멍하니 응시한 채 커다란 돋보기를 들어 올렸다 내리기를 반복하며 시선을 끌었다. 자녀들과 가까운 친인척을 포함해 장쩌민의 네트워크 또한 반부패 투쟁에 휩쓸렸다.

이러한 방해에도 불구하고 시진핑은 자신만만했고 좌중을 압도했다. 하지만 시진핑 양옆에 자리한 두 사람은 단지 과거의 지도자 그 이상의 의미를 내포하고 있었다. 장쩌민은 그에게 쏟아진 온갖 비난에도 불구하고 1989년 학생봉기 이후 닥쳐온 당 존재 위기를 극복하고 중국을 안정시킨 인물이다. 주룽지와 함께 국영기업에 대한 개혁을 단행하면서 중국 경제의 근본을 바꾸었다. 또한 2008년 올림픽을 유치하는 데 성공하고, 중국의 세계무역기구 가입을 성사시켰다. 경제 분야에서의 군사적 간섭을 제거하고, 마을 선거를 개혁하기도 했다. 옆집 아저씨처럼 조금은 가볍다는 평판에도 불구하고, 이는 상당히 중요한 성과들이다. 반면, 후진타오의 업적은 이보다 훨씬 직관적이다. 국가 최고 지도자가 된 지 10년 만에 중국의 경제 규모를 네 배로 늘리고, 실제 세계무역기구 가입을 감독했다. 베이징에서 올림픽을 성공적으로 개최하고, 2008년과 2009년 티베트와 신장에서 발생한 폭동을 효과적으로 수습했다. 2008년 최악의 세계 금융위기를 겪으며 중국에서의 영향을 최소화하는 데도 일조했다.

장쩌민과 후진타오는 집권하는 동안 여러 차례의 개혁을 성공적으로 이끌었고, 그 결과 시진핑에게 경제대국 중국을 물려주었다. 전임자들이 이루어놓은 업적 덕분에 시진핑은 이날 연설에서도 자신 있게 이야기할 수 있었다. 하지만 자신의 성과에 대해서는 내세울 만한 것이 그리 많지 않았다. 이 세 지도자를 비교할 때 시진핑이 집권하는 동안 가장 낮은 경제성장률과 더딘 개혁속도를 보인다. 비평가들이 보기에도 큰 위기를 헤쳐나가는 능력을 아직 한 번도 보여주지 않은 시진핑의 업적은 여전히 미스터리다. 이러한 의미에서 시진핑은 역사 속 자신만의 위치를 만들어가야 한다.

바로 이러한 이유로 시진핑은 전임자들이 이룬 모든 역사적 업적에 대해 관대했고, 특히 자신의 리더십이 1978년보다도 훨씬 이전, 즉 공산당이 처음 중국의 현대화를 위해 역할을 맡고 중국 특색 사회주의의 개념을 발전시키기 시작했던 시점부터 시작된 중국공산당 리더십의 한 줄기라고 규정했다. 당의 사명은 이러한 일련의 개념들이 무시되거나 버려지지 않고 잘 존중되고 계승될 수 있도록 하는 데 있다. 시진핑에게 있어 당대회 보고에 포함된 중국 특색 사회주의는 모든 중국인과 함께 공유해야 할 종교적 신념과 믿음이었고, 시진핑은 그 대제사장이었다. 그는 이를 '대의大義'라고 불렀다. 공산당 지배하에서 중국이 꿈꾸는 마지막 부흥을 위한 명분이었다.

그러면 과연 우리는 10월 18일 시진핑의 연설에서 무엇을 얻을 수 있는가? 시진핑 사상과 중국 특색 사회주의 현대화의 핵심은 과연 무엇인가? 시진핑을 앞세운 중국공산당이 첫 번째 100주년 목표인 2021년 소강사회의 달성을 위해 달려가는 지금, 이 신념체계는 어디에 서 있는가? 그리고 얼마나 오래 이 신념체계가 유지될 것인가?

첫째, 당과 시진핑 사상, 이 둘 모두 스스로 인민 중심의 개념임을 강조하는 데 많은 시간을 할애한다. 그러면서 이를 후진타오 시대와 연결 짓는다. 당이 인민들의 삶과 연결되어 있고 그들을 위해 더 나은 삶을 제공하는 것이 곧 당의 임무이며 인민들의 열망이 충족될 수 있도록 노력해야 한다던, 지도자들이 '사람을 기본으로 삼는다'고 외치던 시대였다. 이 책에서는 이미 기득권을 가진 조직으로서 자체의 생존을 보장받는 데 최우선 순위를 두고 정책 방향을 바꾸어 나가면서 일하는, 그래서 스스로 하나의 이익단체가 되어가는 공산당의 모습을 살펴본다. '인민에게 봉사한다'고 당이 선언할 때 과연 그 의미가 무엇인지, 그리고 '인민'이라는 용어가 실제 무엇을 의미하는지에 대해 회의적인 시각이 있다. 시진핑은 연설에서 인민들을 단합시키는 당 기능에 대해서는 적어도 사회의 모든 구성원이 인정한 '통일전선'이라는 옛 개념에 대해 언급했다. 모든 인민에게 의견을 구했다고 말하기도 했다. 시진핑의 집권하에서 당은 인민, 특히 더 나은 삶을 갈망하는 신흥 중산층의 일꾼이 되어갔다. 물론 여전히 빈곤 속에 사는 사람들, 소외된 사람들에 관해서도 이야기했다.

인민 중심의 정책을 펼침으로써 당에는 인간적이고 사람 냄새 풍기는 모습을 부여하는 한편, 당과 그 봉사의 대상이 되는 인민 사이에 틈이 있다는 생각으로부터도 자유로워질 수 있다. 시진핑이 현재 그러하듯, 권력에 둘러싸인 사람이 자신의 활동 영역을 넘어 사회 전체 영역에서 그 모습을 드러낼 수 있는가? 시진핑이 집권하기 전 나돌았던 이야기 중에 한 번은 시진핑이 베이징 거리에 나타났는데 택시 운전사가 그를 태워 중난하이에 있는 정부 기관으로 갔다는 소문이 있었다. 베이징에 있는 한 작은 가게에서 간단한 식사를 하고 갔다는 좀 더 그럴듯한 소문도 있었다. 선전원들은 이처럼 권력자가 다른 보통 사람들처럼 보이는 이미지를 좋아한다. 하지만 중국 관료로서 조금의 경험이라도 있는 사람이라면 이러한 권력자들이 보통 사람들의 세계와는 멀리 떨어져 있고 접근하기조차 어려운 존재라는 사실을 잘 알 것이다. 가장 근본적인 문제는 몇몇 손에 권력이 집중되어 있다는 사실이다. 재무성 단 네 명의 당국자가 중앙자금을 지방정부로 어떻게 분배할지를 결정한다. 시진핑과 같은 인물은 여행객을 모두 내보내고 보안 절차를 거치기 전에는 보통의 평범한 사람들과 함께 비행기를 타지 않고 자동차로 여행하지 않는다. 물론 겸손한 태도로 인민에게 봉사하는 광경도 연출하겠지만, 이것이 과연 실제의 모습이겠는가? 그리고 이 '인민'이라는 용어가 시진핑의 담화 속에서 얼마나 추상적 개념으로 쓰이겠는가?

우리가 내릴 수 있는 가장 현실적인 결론은 과거 마오쩌둥 시대와 달리 이제는 신흥 중산층의 사람들이 더 큰 힘을 가지고 있다는 사실이다. 이들은 부를 창출하고 개혁을 이끈다. 아주 작은 움직임이기는 하지만, 권력의 역학 구도가 변하고 있다. 당을 이끌고 그 정책 결정의 방식에도 영향을 미치고 싶은 사람들의 욕망이 있다. 그리고 종국에 가서 당이 권력에서 밀려날 수 있는 가장 큰 위험은 사람들의 불만과 불평이다. '사람을 기본으로 삼는다'는 모토는 가장 기본적인 정치 현실을 인정하는 간접적 방법인 셈이다.

이러한 시각을 토대로 시진핑 사상의 모든 논리가 흘러간다. 당은 '중국 특색 사회주의 법칙'을 준수해나가야 한다. 제도를 개선하고 당이 확신하는, 적어도 겉으로나마 확신하는 것처럼 보이는, 단합을 위한 강력한 비전을 표현함으로써 사람들의 열망에 응답해야 한다. 당은 국내 목표를 명확히 하고 이를 외부세계와 연결하는 곳이다. 자신들의 기득권을 유지하고 무력을 행사해 정치인들을 위협하기보다는 국가 일꾼임을 강조하며 군대를 통제하고 규율한다. 반부패 투쟁을 통해 시진핑은 중국인민해방군의 최고 지휘권자인 총사령부의 기존 지도자들을 제거하고 새로운 인물들을 배치했다. 이것만 보더라도 중국에서는 군대가 아닌 당이 군 지휘체계를 장악하고 있다는 사실이 분명하다. 시진핑이 말했듯 인민해방군의 임무는 단순하다. 즉, 전쟁을 치르는 것이다. 하지만 그 전쟁은 군대의 능력을 증명하기 위해서가 아닌, 국가적 사명을 다하기 위한 것이어야 한다. 중국이 강력한 해군을 창설하는 것은 여러 의미에서 상징적 행위다. 중국은 1979년 이후에는 전투 경험이 전무하다. 중국은 실제 전투보다 사이버 세계 숨겨진 공간에서 훨씬 더 많은 성공을 거두었다. 전쟁은 이미 진행 중이고, 중국은 계속해서 승전보를 올리고 있다. 데이터와 교역, 그리고 은밀한 침투를 통해 세계를 정복할 수 있는데, 굳이 왜 물리적으로 전쟁을 치르겠는가? 연설에서 시진핑은 중국이 이미 세계적 강국이 되었음을 선언했고, 그 사실에 대해서도 전혀 부끄러워할 이유가 없다고 말했다. 지금의 위치에 오르기까지 중국은 그 권리를 합법적이고도 정당하게 획득한 것이다. 하지만 여기에 덧붙여 시진핑은 당이 국가를 대신해 인류에 대한 비전, 중국에 대한 비전, 그리고 세계가 포용하고 궁극적으로는 세계가 그 일부도 될 수 있는 글로벌 중국의 개념 등 공동운명체의 정신을 만들어가야 할 것이라고 말했다.

이 모든 것은 당 체제하에서 강력하고도 통일된 지도력이 있어야만 가능하다. '불안정성'이라는 단어가 금기시되고 있는 분열과 파벌의 국가에서 당이 나서서 화합을 이루기는 어렵지만, 함께 문제를 해결해나갈 수 있다고 강력하게 선언하는 것이 중요했다. 10월 18일 연설에서도 시진핑은 여러 차례 화합을 강조했다. 정치국과 중앙위원회, 당과 당원들, 그리고 궁극적으로는 사회 전체에 이르기까지 통일된 지도력을 강조했다. 당은 법을 준수하고, 제도를 강화하며, 자기 규율을 세우고, 이념적 순결을 지켜나갈 것이다. 더 중요하게는 사회와 시민의 가치가 공존하고 마르크스-레닌주의와 마오쩌둥 사상의 현대적 해석이 가능한 곳에서, 문화와 윤리적 실체가 통합되면서 시진핑이 말하는 소위 '5,000년의 문화와 역사'라는 위대한 전통을 이어갈 것이다.

시진핑 사상의 혼종성은 이미 앞 장에서도 언급한 바 있다. 하지만 당은 이제 경제적 발전과 사회주의 건설 그 이상을 추구해야 할 시점에 와 있다. 중국이 국제사회에서 자국의 위치와 역할에 당당할 수 있는 일련의 가치와 문화를 표방해야 한다. 지난 30년간 급격한 변화가 이어지며 비틀비틀 휘청거린 이 사회에서 시민 가치를 창출해야 한다. 시진핑이 언급했고, 이 책의 앞에서도 논의된 사회주의 핵심 가치에는 조화와 관용, 책임의 개념이 정의와 합법, 질서라는 개념과 함께 녹아있다. 청 왕조 말기, 평화로운 국가 근대화의 길을 도모하기 위해 애썼던 위대한 혁신가 캉유웨이는 중국의 모든 민족이 하나로 모여야 한다는 『대동서』를 저술한 바 있다. 하지만 그럼에도 불구하고, 공산당은 종종 내부적으로 분열되었다. 예컨대, 1949년 공산당은 일련의 가치를 제시했는데, 이러한 가치들은 종종 중국 사회의 전통 가치와 충돌했다. 시진핑 역시 봉건주의와 제국주의, 식민주의를 가리켜 '3대 산맥'이라고 표현한 바 있다. 마오쩌둥이 집권하면서 옛 세상은 뒤집혔고 파괴되었다. '4대 구습의 타파'는 문화대혁명 기간 가장 강력한 사회운동 중 하나였으며, 산둥성 취푸에 있는 공자의 무덤을 포함해 과거 지도자와 관련된 많은 기념물이 훼손되었다. 하지만 마오쩌둥 이후 중국에서는 실용주의가 도입되고 마르크스-레닌주의 이념에 대한 사람들의 신념이 붕괴되는 한편, 코뮌과 같은 집단주의적 수단을 통해 당을 보다 확장된 개념, 즉 위대한 가족이라고 강요하는 시도가 실패로 돌아가면서, 윤리적 가치의 기준이 전통의 가치와 함께 어우러질 수 있도록 재조정되었다. 시진핑의 당은 위대한 국가의 당이며, 그 국가는 존중되고 계승되어야 할 전통 문화를 가지고 있다. 당의 가치와 시각을 중국의 전통적 가치와 결합하고자 하는 시도는 '중국 특색'이라는 표현을 통해 간단하게 성공했다. 마치 중국만의 특별한 사고방식이 존재하는 양 시진핑은 '중국 특색 싱크탱크'라는 표현을 쓰기도 했다.

시진핑은 자신의 사상이 전면적이라고 선언했다. 즉, 그것은 과거 발전의 토대 위에 현재가 있음을 의미한다. 마르크스주의와 중국 전통의 요소를 취하고 실질적 결과를 목표로 하면서 전통과 현대를 통합하는 수단이다. 무엇보다 그것은 비전을 실현하기 위해 존재하는 이상이다. 2017년 10월 18일 연설에서 시진핑이 첫 단계 중국의 사회주의 현대화를 이룩하겠다고 한 2035년까지 중국이 이룩할 사회는 2049년까지의 목표, 그리고 두 번째 100년의 목표와도 조화를 잘 이룰 것이다.

이전의 마오쩌둥 사상과 덩샤오핑 이론과 마찬가지로 시진핑 사상은 이론적 해설과 실용적 경험을 완벽하게 통합했다. 하지만 그것은 또한 이상적이고 때로는 거의 유토피아적인 성과에 초점이 맞춰져 있다. 사회는 거대한 기계다. 적절한 자원을 투입하고 자극을 주어 최고의 결과를 만들어낼 수 있다. 특별한 사람이란 없다. 새로운 모델 시민을 창출하기 위해 조정이 필요한 힘과 재료의 결합일 뿐이다. 당 아래 정부의 역할은 이러한 것들이 올바르게 조립되어 잘 작동하는지를 확인하면서 측정하고 균형을 맞추는 것이다. 철학자인 질 들뢰즈와 펠릭스 가타리가 말했듯 인간의 무의식은 '욕망의 기계'다. 따라서 인간들이 모여 있다는 것은 이 사회가 거대한 욕망의 공장이라는 의미다. 2017년 시진핑이 말했듯, 완벽한 사회를 만드는 데 있어 장애물이 무엇인지는 잘 알려져 있고 지도자들의 연설에서도 이것은 자주 반복되었다. 즉, 불균형하고 부적절한 개발, 혁신 부족, 파괴되거나 고갈된 취약한 자연환경, 가난, 시민의식의 결여 등이다. 여기에 인구의 고령화와 만성질환의 증가 등 인구와 건강을 둘러싼 심각한 문제가 덧붙여질 수 있다. 또한 이 나라는 수십 년간 선진국에서 문제가 되어왔던 정신 건강 및 복지 문제에도 직면해 있다.

전임자의 사상체계와 마찬가지로, 시진핑 사상은 여전히 사회주의의 예비 단계에 머물러 있다. 마오쩌둥과 덩샤오핑 시대의 모토로 시작해 이제는 당의 핵심 가치로 자리 잡은 '4개 기본원칙'을 준수할 필요가 있다. 사회주의 노선, 무산계급 독재, 공산당 영도, 마르크스와 레닌 및 마오쩌둥 사상이 그것이다. 신시대를 향한 중국 특색 사회주의 현대화, 당장에 포함된 신념체계는 2035년까지 중국인들에게 차이나 드림을 제공할 사회를 구상한다. 이 꿈은 물질적 번영과 더불어 국제사회에서의 지위와 역할이 회복된 국가에서 살아간다는 영적 만족이 결합한 것이다. 2017년 연설에서 시진핑이 말하기를 좋은 교육 시스템에 의해 해방된 중국인들의 창조적인 에너지가 이제는 세계와 비교해도 손색이 없거나 혹은 많은 측면에서 우월한 혁신사회를 이룩했으며, 이러한 사회에서 그 꿈을 이루어 나갈 수 있다. 더는 외국의 기술과 노하우에 의존하지 않을 것이다. 국내 지식의 부족으로 인해 다른 곳에서 배워야 했던 시대는 이제 끝났다. 대신에 중국은 자국의 첨단기술을 장악하고, 이러한 첨단기술을 부러워하는 외국인의 목적지가 될 것이다.

시진핑에 따르면, 혁신 중국은 또한 위대한 행정기구가 마침내 완성되어 중국 특색의 규칙과 규약, 절차를 토대로 안정성과 개발을 이루어 나가는 잘 통치되는 사회며, 사회주의 원칙에 따라 운영되는 진정한 평등주의 사회다. 이러한 사회에서 불평등의 수준이 상승하는 것을 임시로 수용하면, 이것은 결국 사회 전체의 생활 수준을 상승시킬 것이다. 중국은 빈부격차가 엄청난 서구 민주주의 국가들의 심각한 구조적 결함을 피할 수 있을 것이다. 중국의 농촌도 현대화를 이루고, 도시와 농촌에서 모두 비슷한 수준의 사회 복지를 보장하게 될 것이다.

이러한 중국은 조화로우며 통합적인 신념체계와 사회주의, 전통 중국 문화의 철학에 의해 지배받는 곳이다. 사람들이 종교를 자유롭게 선택하고 실천할 수 있고, 주변의 사회에 대해 책임을 지는 관용의 장소가 될 것이다. 즉, 자신의 종교적 아이디어가 다른 사람들보다 탁월하다고 우기지 않는 사회가 될 것이다. 공평한 사회에 속해 있을 뿐 아니라, 국가가 가족과 개인의 집합체로서 단지 거대한 공동체가 아닌, 강력한 시민 가치가 있는 사회에 속해 있다는 느낌을 가질 수 있는 공평한 사회가 될 것이다. 이 사회에서는 미국과 유럽의 일부 지역에서처럼 인종적 갈등도 없을 것이다. 인간애를 토대로 개인의 복지를 중요시 여기는 문화 속에서 살고 있다는 생각으로 사람들은 만족감과 성취감을 느끼며 행복하게 살아갈 수 있을 것이다.

하지만 이것은 인간 사이의 균형 잡힌 조화로운 관계 그 이상이다. 2035년 중국은 인류가 자연과 조화를 이루며 살아가는 곳이 될 것이다. 깨끗한 환경 속에 탄소 배출량은 통제되고 녹지로 가득 찬 도시의 건물은 높은 생태 기준에 맞춰 지어지면서 스모그 가득한 도시는 과거의 일이 될 것이다. 사람들은 깨끗한 물과 양질의 음식을 먹으며 그들에게 영감을 불어넣어 줄 지역적으로 다양한 자연환경을 즐길 것이다.

2050년을 향해 나아가면서 꿈은 점점 원대해지고 더 대담해지지만, 동시에 추상적이기도 하다. 시진핑에 의하면 100년이 되는 해 중국은 세계의 지도자가 될 것이다. 완전한 현대화를 이룰 것이다. 번영하는 중국 특색 민주주의 국가가 될 것이다. 꿈은 이루어질 것이다. 국가의 위대한 부흥은 달성될 것이다. 그리고 그 시점에서 당은 지난 두 세기 동안 치러온, 이 야망을 이루기 위해서는 필요했지만 몹시 힘들었던 이 싸움을 정당화할 수 있을 것이다. 사람들의 역할은 단지 자신들의 꿈과 중국공산당의 원대한 계획을 믿는 것이다. 오랜 기간 이 믿음을 지켜낸다면, 이 꿈이 실현되는 것을 볼 수 있을 것이다.

이것은 환상적인 비전이다. 미래에 대한 추측에 기반을 두기 때문에 더욱더 그러하다. 1949년 이래로 당은 단결과 더불어 중국에 대한 국제사회에서의 존중과 신뢰 등 많은 약속을 내걸었다. 마오쩌둥은 가장 대담한 비전맨이었다. 하지만 그의 유토피아적 시각은 실용적인 전략이 너무나 부족했고, 그가 창조한 중국은 내부 상처와 분열로 고통받았다. 덩샤오핑은 더 평범한 사상가였지만, 마오쩌둥과 비교해서는 더 큰 전략가였다. 그는 물질적 부 없이 중국의 위대한 꿈은 결코 이루어질 수 없으리라는 위대한 통찰력을 가지고 있었다. 정부와 사회의 초점을 부의 창조로 바꾼 것은 그의 천재성을 증명한다. 이 복잡한 사회에서 그것은 30년에 걸쳐 단순한 모토를 유지하는 데 일조했다.

2012년에 이르러 중국의 경제적, 물질적 자본은 엄청났다. 그 누가 기대했던 것보다 빠르고 효율적으로 세계에서 두 번째로 큰 경제대국이 되었다. 그러므로 시진핑은 풍부한 경제력이 뒷받침된 상황에서 집권했고 좀 더 근본적인 물음에 집중할 수 있었다. 이제 중국은 강력하고 부유한 나라가 되었고, 이 새로운 명성과 지위를 과연 어떻게 사용할 것인가? 시진핑에게 있어 그 선택은 현재나 미래가 아닌 과거에 의해 결정되었다. 그의 리더십은 언제나 위대한 꿈을 실현할 의무가 있었다. 당이 처음 존재했을 때부터 해왔던 약속이었다. 그 약속은 언제나 강력하고 부유한 나라를 만드는 것이었다. 시진핑 집권하에서 이 목표는 몇

십 년 혹은 몇 세기 뒤의 일이 아니었다. 금방이라도 이루어질 수 있는 꿈이었다. 사람들은 손을 뻗어 그 꿈을 느끼고, 만지고, 맛보고, 볼 수 있었다. 이러한 중국이 탄생하는 순간, 그 위대한 순간이 지금이라고 이야기할 수 있는 리더가 바로 시진핑이다. 지금까지 역사는 그의 편이었다. 운 좋게도 다른 사람의 유산 위에서 일할 수 있었다. 그의 유일한 책무는 모든 일이 올바르게 진행되도록 하는 것이었다. 이러한 이유로 그가 하는 모든 일에는 강력한 주의가 필요하다.

그가 움직이고 있는 시스템과 권력과 권위에 대한 표현에 대해 사람들이 어떻게 생각하든, 시진핑이 자신의 측근들과 함께 중국 내 주요 이슈들에 대해 민심을 잘 읽으며 지금까지는 잘해 왔다는 어느 정도의 인정이 필요하다. 중국인들은 사실 시진핑 사상에 대해 크게 신경 쓰고 있지 않을 수 있다. 확실히 그들은 2016년 그가 '핵심 지도자'라는 칭호를 부여받았을 때도 무관심했다. 하지만 이러한 목표를 이루기 위해 당의 목표와 규율을 강화하는 것에 대해서는 대중적으로 인기가 있는 것으로 판명되었다. 트럼프 대통령의 정치력과, 자신감 부족과 대중적 불만으로 고통받는 유럽 지도자들의 반체제주의에 대해 잔혹한 비난이 난무할 때도 시진핑은 이러한 비난으로부터 자유로웠다. 그는 꿈과 이상을 말하고, 아름다운 미래를 이야기한다. 중국인들로부터 그들이 부흥하는 순간을 빼앗는 것은 심술궂고 불공평한 일일 것이다. 결국, 그들의 포부와 희망이 현대 중국의 진정한 독재자인 셈이다. 시진핑은 단지 그들의 심부름꾼일 뿐이다. 그리고 그가 이러한 목표를 달성하는 한, 그의 리더십은 안전할 것이다.

결론

행운아 시진핑

정치가의 끝은 언제나 좋지 않다는, 영국 정치계의 말이 있다. 1997년 토니 블레어는 영국 역사상 유례없는 압도적 표 차이로 총리에 선출되었고, 4년 후 이 표 차이는 거의 두 배가 되었다. 오랜 기간 그는 특별한 사람이었다. 야당은 당황했다. 반면, 주요 신문들은 그를 지지했다. 당을 장악한 블레어의 유일한 골칫거리는 가장 가까운 동료 고든 브라운의 눈에 띄는 시샘이었다. 하지만 10년간 최고 자리를 지킨 사람은 블레어였다.

요즘 들어 블레어 전 총리는 고액의 강연을 하며 중국을 포함한 전 세계를 누빈다. 하지만 영국에서 그의 영향력은 제로에 가깝다. 2003년 이라크전쟁 당시 조지 부시 미국 대통령과 공조하면서 그의 명성은 빛이 바랬다. 승승장구하며 거칠 것 없어 보이던 블레어가 지금은 저 아래 나락으로 떨어진 비참한 신세가 된 것이다.

블레어는 다수대표제 선거제도의 산물이다. 그런 블레어와 시진핑을 비교하는 것은 그리 적절하지 않을 것이다. 다만 여기서 한 가지 중요한 교훈은 운이란 항상 움직인다는 사실이다. 그리고 지금 중국에서, 아니 전 세계를 통틀어 가장 운이 좋은 사람은 아마도 시진핑일 것이다.

그가 운이 좋다는 데는 두 가지 이유가 있다. 첫째, 시진핑은 중국이 그 어느 때보다 부유하고 영향력이 큰 상황에서 국가 최고지도자가 되었다. 중국이 지금의 위치를 차지한 건 14억 중국인과 전임자들의 노력 덕분이지, 결코 시진핑 때문은 아니다. 일반적으로 마오쩌둥의 가장 큰 업적은 분열과 파벌의 시대를 종식하고 중국을 하나로 통일한 것이라고 말한다. 1949년 이전처럼 두 다리 없는 상태에서 중국은 결코 우뚝 일어설 수 없었을 것이다. 그 후 이어지는 마오쩌둥의 실정失政에도 불구하고 한 번 단합된 중국이 다시 분열될 조짐은 나타나지 않았다. 나라 전체가 혼란에 빠지고 무력 충돌이 난무했던 문화대혁명 기간에도 중국 내 분열은 먼 나라 이야기였다. 덩샤오핑이 집권하면서부터는 경제적 성장과 물질적 부 없이 중국의 미래를 담보하기는 어려울 것이라는 주장이 힘을 받았다. 이 부를 창출하기 위해 중국은 전력을 다했고, 마침내 목표에 도달할 수 있었다. 덩샤오핑의 뒤를 이어 장쩌민과 후진타오도 비슷한 노선을 취했다. 장쩌민은 특히 1989년 톈안먼 사건 후 정국을 수습하고 소비에트연방 붕괴의 충격을 헤쳐나가기 위해 노력했다. 후진타오 역시 성장에 역점을 두었다.

시진핑은 공산당 주도로 역동적 경제 성장을 일궈낸 통일 중국을 물려받았다. 그리고 이제, 2021년 위대한 국가로 거듭나고자 다시 한 번 도약을 꿈꾸는 중국을 통치하고 있다. 중국 최고의 두뇌들이 시진핑과 뜻을 함께한다. 그의 행보에서도 나타나듯, 시진핑의 가장 중요한 책무는 새로운 일을 벌이는 것이 아니라 지금의 일을 망치지 않고 잘 마무리하는 것이다.

둘째, 더 놀라운 사실은 당내 그를 상대할 만한 적수가 전혀 없다는 점이다. 마오쩌둥은 끊임없이 경쟁자들을 상대해야 했다. 가오강처럼 잔인하게 내친 경쟁자도 있었지만, 저우언라이처럼 손잡고 동맹을 맺은 경쟁자도 있었다. 대약진운동의 핵심 비판자 중 하나였던 펑더화이 원수부터 1960년대 초 시장 자유화 옹호자에 이르기까지 마오쩌둥은 수많은 적과 마주했다. 그중 하나였던 덩샤오핑 역시 당 지도층과의 지난한 막후협상 후에야 비로소 영향력을 행사할 기회를 잡을 수 있었다. 1980년대 경제 개방 개혁의 속도를 줄여야 한다고 주장하는 비판자들 가운데 특히 천윈의 목소리가 컸다. 1990년대에 들어서면서 80대가 된 덩샤오핑은 1989년 사건을 계기로 보다 정통적 마오주의로의 회귀를 계획했던 당내 보수파를 상대해야 했다. 그 해결책으로서 1991년과 1992년에 걸쳐 남방을 순회한 것은 유명하다.

장쩌민과 후진타오 역시 쉬운 길을 가지 못했다. 장쩌민은 자신을 별로 탐탁하게 여기지 않았던 당 지도부 앞에서 차기 지도자로서의 평판을 쌓아야 했고, 출중한 능력의 주룽지와 계속 경쟁해야 했다. 후에 그를 총리에 임명함으로써 장쩌민은 경쟁자의 재능에 굴복하기보다는 그 재능을 자기 것으로 삼는 모습을 보여주기도 했다. 게다가 장쩌민의 주위에는 덩샤오핑이 사망한 후에도 원로들이 계속 남아 영향을 미치고 있었다. 후진타오 역시 집권 내내 그의 곁을 지켰던 전임자의 그늘에서 벗어나기 위해 몸부림쳤다. 그 전임자는 바로 장쩌민이다!

반면, 시진핑은 적수가 전혀 없는 상황에서 권좌에 앉았다. 제18차 당대회가 열리기 직전 유일하게 상대가 될 만한 인물이 제거된 것이 시진핑에게는 엄청난 행운이었다. 2007년 비록 승진하지는 못했지만, 잘생기고 카리스마 넘쳤던 그리고 대중적 인기를 등에 업고 앞뒤 물불 안 가렸던 소공자 보시라이는 시진핑을 대체할 만한 유일한 인물이었다. 2012년 이후 시진핑이 보여준 비슷한 방식으로 당내 모든 관심이 시진핑으로 향하는 것을 흩트릴 만한 잠재력이 충분한 적수였다.

보시라이의 낙마가 시진핑 혹은 그 지지자에 의해 계획된 것이라 보기에는 아무래도 비약이 심한 듯하다. 1장에서도 다루었듯 2011년의 사건으로 결국 보시라이의 아내는 다음 해 초 살인 혐의로 체포되었는데, 당시 그 누구도 이를 예측하기는 어려웠을 것이다. 하지만 이로써 한때 시진핑의 정적으로 견줄 만했던 보시라이는 그림에서 완전히 배제되었다. 그리고 시진핑은 아무 방해 없이 정국을 장악해나갈 수 있었다.

이처럼 후한 '선물'을 양손에 받아든 시진핑은 누구보다 운이 좋았고, 자신에게 주어진 운을 백분 활용했다. 하지만 진짜 어려움이 닥쳤을 때 그가 과연 전임자들처럼 잘 대처할 수 있을 지는 미지수다. 1989년 사건처럼 큰 규모의 민중운동이 발발하 면 과연 시진핑에게는 이것을 헤쳐나갈 만한 배짱이 있을까? 덩 샤오핑이 그랬듯 국제사회의 압력에도 불구하고 무자비하고 거 침없이 군을 동원해서라도 이에 대응할 수 있을까? 아니면 아무 결정도 내리지 못하고 망설이다가 종국에는 중국공산당이 과거 소비에트연방의 전철을 밟아나가는 모습을 지켜만 볼 것인가? 전혀 예상치 못한 갑작스러운 경기침체는 어떠한가? 10년 전 후 진타오와 원자바오가 그랬듯 경기침체를 막기 위해 막대한 양의 돈을 국가 경제에 쏟아부을 수 있을까? 일당체제나 사회통합 등 반드시 보호되어야만 하는 것을 보호하기 위해 전혀 전통적이 지 않은 수단을 쓰도록 명령할 수 있을까?

지난 수년간 놀랄 만큼 안정적으로 국내외 상황을 유지해 온 중국이었기에, 우리에게는 시진핑의 위기관리 능력을 경험할 기회가 없었다. 북한과의 긴장, 그리고 남동중국해에서의 영유 권 분쟁에도 불구하고, 미국을 비롯한 세계 여러 국가가 처한 위 태로운 상황으로 인하여 이제 중국은 실패하기에는 너무나 중요 한 나라가 되었다. 시진핑의 리더십과 그 성공적 행보에 관한 한 우리는 모두 이해당사자다. 마오쩌둥 시대 중국은 붕괴할 가능성이 높았다. 하지만 오늘날 만약 중국이 붕괴한다면 이는 전 세계에 엄청난 재앙을 초래할 수 있다. 글로벌 공급망과 자본 흐름, 그리고 안보에 치명적인 영향을 미칠 수 있다. 세계 경제 성장을 주도하는 가장 중요한 지역이 불안정해지면서 그 연쇄 반응이 전 세계로 퍼질 수도 있다. 이것은 더 이상 중국을 견제하고 말고의 문제가 아니다. 이제는 중국이 우리를 견제한다. 중국의 실패는 곧 우리의 실패다.

이러한 의미에서 시진핑은 이제 엄연한 세계의 지도자다. 특히 위기 상황에서 그가 어떻게 대응하느냐가 대단히 중요하다. 북한을 비롯한 아시아 지역의 문제, 아프리카와 중동에서의 행보, 그리고 트럼프 정권의 변덕스러움에 대한 그의 직감이 성공과 실패를 좌우하게 될 것이다. 만약 그가 하나라도 실수를 한다면, 엄청난 재앙을 초래할 수 있다. 시진핑을 단지 검게 염색한 머리와 육중한 풍채를 하고서 의전에 파묻혀 세계를 누비는 또 한 명의 고루한 중앙위원회 정치국의 지도자로 보았다면 그건 엄청난 실수다. 시진핑은 그 이상의 인물이다. 물론 이 행운아에게는 자신의 운이 사라질 때를 대비해 지략과 혜안, 융통성이 필요하다. 그가 과연 필요한 자질을 가지고 있는가의 질문에 대해 현재로서는 대답하기가 어렵다. 다만 알려진 사실은 그가 굉장히 신중한 정치 문화권에서 왔으며, 최근 몇 년간 보여준 그의 행보에서 짐작하듯 그 역시 대단히 보수적이라는 점이다. 베이징의 리더십이 워싱턴만큼이나 변덕스럽지 않다는 데 우리는 얼마나 감사한지 모르겠다.

그렇다면 과연 세계는 시진핑을 어떻게 보고 있을까? 신문과 텔레비전 보도를 통해서만 시진핑을 경험한 사람들에게 그는 마냥 수수께끼 같은 사람이다. 물론 과거의 중국 지도자들 역시 그 속내를 읽기는 어려웠다. 후진타오의 침묵은 그와 마주한 상대방에겐 채워야 할 빈 시간일 뿐이었고, 장쩌민의 우스꽝스러운 행동과 익살은 자신의 진짜 능력을 감추기 위한 속임수로 비치곤 했다. 덩샤오핑 역시 16세에 공산당에 입당해 충성을 바쳐왔다는 사실에도 불구하고 처음에는 은둔의 개혁자로 평가되었다. 하지만 1989년 톈안먼 사건을 통해 냉정하고 잔인한 인물로 비치며 대외적 이미지에 타격을 받았다. 마오쩌둥의 경우, 그 해석은 더욱 극단적이다. 프랑스와 같이 좌익 성향이 강한 곳에서는 그에게 경의를 표하며 찬사를 보낸다. 자신들의 노래에서 마오쩌둥을 다룬 비틀스와 같은 사람들에게 있어 그는 신비로운 문화적 아이콘이다. 하지만 다른 곳에서는 잔인하고 악랄하며 혐오스러운, 아시아 전제정치의 전형을 상징하는 인물로 묘사된다.

중국과 같은 정치 환경에 놓여있는 지도자를 서양에서는 거의 찾아보기 어렵다. 일당체제 통치를 한다고는 하지만 중국은 더는 잔잔한 호수가 아닌, 그 물속 깊은 곳에서 물고기가 떼 지어 다니며 급물살을 만들어내듯 복잡하고 다면적인 국가다. 세상은 이들의 모든 것을 정치와 연관 지어 바라보지만, 사실 중국인들은 삶 대부분의 시간을 묵묵히 살아갈 뿐이다. 물론 마오쩌둥 시대 말기는 예외였다. 우리의 관심은 언제나 눈에 잘 띄는 정치가들을 향해 있지만, 더 깊숙이 들여다보면 중국은 과거 유구한 역사를 간직한 채 여러 계층의 사람들이 어우러져 사회·문화적으로 다양한 가치를 만들어가는 곳이다. 중국 지도자는 이 심연의 중국을 상징한다. 그렇게 함으로써 본인의 능력 밖 영역에서도 힘을 행사할 수 있다. 중국의 이야기는 결코 이들 지도자에 관한 것이 아니다. 이들이 내세우고자 했던 국가에 관한 이야기다. 그리고 이것은 무척이나 어려운 책무다.

갈구渴求의 시대며 소셜 네트워크를 통해 실시간으로 의사소통이 가능해진 오늘날, 시진핑은 이 모든 요소를 하나로 통합해 나가야 하는 지도자다. 어떤 식으로든 중국을 투자나 자본과 시장 접근을 통해 경제적 이익을 얻을 수 있는 곳으로 여기거나 혹은 새로운 적으로 바라보는 외부세계와 소통해야 한다. 2017년 12월, 불과 한 달 전 베이징을 방문했을 때만 해도 얼굴에 웃음과 즐거움이 가득했던 트럼프 미국 대통령은 국가안보전략을 발표하면서 중국을 전략적 경쟁국으로 규정했다. 같은 시기 런던에서 열린 한 사이버보안 관련 포럼에서 유럽과 미국의 전문가들은 러시아나 다른 지역에서의 잠재적 문제는 무시한 채 중국을 지목해 가장 큰 위협이라고 주장했다. "그들은 피를 흘리고 있다"고 한 분석가가 말했다. 비록 가상의 무기이긴 했지만, 콘퍼런스 홀에서는 획획 칼 휘두르는 소리가 들릴 정도였다.

세계를 휘젓고 돌아다니며 시진핑은 미소 띤 얼굴로 국제사회를 안심시킨다. 1979년 이래 중국은 단 한 번도 군사 작전에 가담한 적이 없다고 말한다. 적어도 이 점에서는 그가 옳다. 강하고 안정적인 중국이 세계 평화를 위해 좋다고 말한다. 전체 인류 5분의 1에 해당하는 중국인들의 복지를 보장하는 것은 대단히 어려운 일이며, 중국 정부는 1978년부터 이를 위해 노력해왔다고 말한다. 이 역시 옳은 말이다. 하지만 사람들이 두려워하는 것은 중국 정부가 실제 일을 행하는 방식이다. 호주와 뉴질랜드에서는 중국 정부의 정치 개입에 대한 두려움이 극에 달하고 있다. 많은 사람으로부터 존경받는 전 중국 주재 호주 대사이자 현 외교통상부 장관인 프란시스 아담슨은 2017년 말 개최된 한 세미나에서 중국 정부가 교묘하게 주도하고 있는 정치 개입으로부터 호주인들의 가치를 지켜내야 한다고 엄중히 경고했다. 2017년 총선에서 당선된 중국 출신 양젠 의원은 중국에서의 경력에 대해 함구했는데, 그 내용이 밝혀지면서 과거 중국 공산당원이었고 또한 간첩이었다는 의혹을 받았다.

시진핑의 메시지에 대한 사람들의 이러한 비판은 중국이 직면한 세계의 복잡성을 의미한다. 겉으로야 미소를 띠고 있지만, 인도 역시 중국의 일대일로에 대해 불안감을 감출 수 없다. 미국과 유럽에서는 중국의 투자가 계속 증가하면서 그 의도에 대한 의혹 역시 커지고 있다.

중국은 차이나 드림과 일대일로를 통해 국가적 서사를 이야기하기 시작했다. 하지만 이에 대한 서방세계의 역공이 문제다.

어디서건 사람들은 불신할 무언가를 찾는다. 옛말에도 있듯 두려움에는 여러 가지 다양한 모습이 있다. 시진핑은 이러한 두려움을 누그러뜨릴 수 있는 인물이다. 하지만 그에 관한 모든 것, 즉 개인적 배경과 국가 운영의 방식, 시진핑 자신과 그 주변 인물에서 뿜어져 나오는 힘 등이 그가 말하는 메시지의 힘을 무력화한다.

시진핑과 중국 문화에 대해 사람들이 느끼는 감정이야 어떠하든, 적어도 정치적 측면에서는 부인할 수 없는 사실이 하나 있다. 외부세계의 어떤 누구도, 그것이 도덕적 판단이든 아니면 다른 이유 때문이든 간에, 시진핑과 더불어 성취의 순간을 향해 달려가는 그 국가를 부인할 권리는 없다는 사실이다. 한때 빈곤과 질병, 내부 갈등으로 곤경에 처했던 국가가 이제는 안정되고 부유하며 건강한 나라가 되어 국제사회의 도움을 받기보다는 도움을 줄 수 있는 수준에 이르렀다는 사실은 전 세계적으로도 의미 있는 성과다. 2017년 10월 중순 시진핑이 외친 역사적 사명은 외부세계보다는 중국인들의 마음을 더 흔들었겠지만, 중국이 겪었던 100년 전 아픔을 떠올린다면 속 좁은 사람만이 중국의 부흥을 시기할 것이다. 오늘날의 위치에 오기까지 중국은 큰

대가를 치렀다. 우리가 그렇게 혐오하고 바꾸고 싶어 하는 일당 체제의 지도자로서 시진핑은 우리에게 크게 의미가 없을 수 있다. 하지만 정의가 실현되고 다시 한 번 일어설 수 있다는 희망 가득한 중국의 일꾼으로서 그는 다른 행보를 보인다. 앞에서도 이미 다루었지만, 비록 받아들이기 어렵다 하더라도 오늘날 중국이 직면한 현실을 도외시해서는 안 될 것이다. 전쟁과 기근, 분열의 상처를 딛고 일어선 중국이 다시금 세계 강국이 되기 위해 나아가고 있는 또 다른 현실을 망각해서도 안 될 것이다. 중국의 이야기는 복잡하지만, 진실하다. 시진핑의 중국이 펼치는 포용정책의 성공 여부는 서방 국가들이 이 중국의 복잡성을 얼마나 잘 수용할 수 있는가에 달려있다. 이러한 의미에서 시진핑의 중국은 곧 우리의 중국이다. 좋든 싫든 우리 역시 그 이야기의 일부인 것이다.